1736

RECVEIL DE
SENTENCES NOTABLES,
DICTS ET DICTONS COMMVNS
Adages, Prouerbes & Refrains, tra-
duits la plus part de Latin, Italien
& Espagnol, & reduits selon
l'ordre Alphabetique.

Par Gabriel Meurier.

A ANVERS.
Chez Iean Waesberghe, à l'Escu de Flandres.
Auec Priuilege du Roy.
1 5 6 8.

L'EXTRAIT DES
PRIVILEGES.

IL a pleu à la Maiesté Royalle de permettre, octroyer & dōner Priuilege, en son Conseil priué, à Iean Waesberghe, imprimeur & libraire iuré de la ville d'Anuers, de poüuoir luy seul imprimer, ou faire imprimer, vendre, & distribuer vn liure intitulé, Recueil de sentences notables, dicts & dictons communs, Adages, Prouerbes & Refrains, en Françoys ou autres langues. Interdisant & deffendant à tous imprimeurs, Libraires, & autres personnes quelconques, de n'imprimer ou faire imprimer, ne vendre ledit Liure, sans congé & consentement dudit Iean Waesberghe en six ans, souz la peine contenüe plus à plein en l'original dudit Priuilege, donné à Brusselles. Le 24. Iour de Mars. 1567. Deuant Pasques.

Signé.

I. Vander. Aa.

Le mesme Priuilege que dessus, a esté octroyé audit Iean Waesberghe, par le Roy nostre Sire, en son Duché de Brabant, pour le terme de six ans. Donné à Brusselles. Iour comme dessus.

Signé.

I. de Witte.

Fueil.2.

A. MESSIRE IEAN FLEMIN-
GO, SEIGNEVR DE VVYNE-
ghem, Mon Tres honnoré Seigneur, Salut honneur &
felicité.

OVT ainsy que d'vn torrent ou fleu-
ue Roidement courrant, le Pellerin ou
passagier Sitibond n'en retient qu'aultant qu'il en peut prendre pour estan-
cher sa soif & le reste s'engouffre en haulte mer,
sans donner aulcun espoir de son retour : le mesme
est de ceste vie transitoire de laquelle n'en iouïssons
qu'aultant qu'en retenons & employons en bonnes
oeuures, estimant le reste estre vne propre mort &
non vne vie, ce que bien asserre & atteste le diuin
Platon disant que ceulx qui escoulẽt leurs ans sans
laisser à la posterité quelque notable marque de
soy, ne se peut & moins se doibt dire qu'ils ayent
vescu, mais seulement passé (comme ombres) par
le monde, lesquelles sentences dignes de haulte com-
mendation, par moy ruminées, m'a semblé plus ex-
pedient d'employer quelque bonne espace de temps
à colliger & en partie traduire ce Recueil de
Prouerbes & sentences (pour estre bien propres à tous estats) que de passer mes iours (à maniere de dire) cõme vn songe, & par ce Monsieur,

A 2   que

que ceulx qui batiſſent quelque oeuure obſeruent l'ancienne couſtume: qu'eſt d'orner leur lucubratiõs de la valeur & ſplendeur de leur bons Seigneurs. Les vertus (parlant ſans adulation) en V.S. Infuſes, auec les obligations en quoy me ſents redeuable à V. honnorable perſonne, come auſſy aux voſtres me ſemoncent & ſtimulent vous dedier & offrir ce preſent liure, lequel encore qu'il ne ſoit egal à voz merites: il eſt toutesfois cõforme à mes humbles & baſſes facultés, car ſy d'vn haut arbre bien ramé & branchu: eſt requiſe grãde quantité de bois pour re chauffer les frilleux, & auec vne large eſtendue d'õbres pour ſoulager les voyagers fatigues de chemin, grande foiſon de fruit pour raſſaſier les fame lics, au contraire de ce, conſideré Monſeigneur, que le petit Meurier arbriceau preſque deramé ne peut produire ne preſēter ſinon le peu qu'il a, ſçauoir eſt la ſeue & cœur encore verd & prompt à cumplaire & obeir à V.S. Supplie le receuoir de telle affectiõ que vous eſt offert & quãd voz affaires donneront quelque relache à voſtre eſprit, plaiſe auſſy me faire ce bien de le daigner à la fois foeilleter, à ce de le rē dre digne de voſtre bonne main que ie baiſſe à teſte chenue & inclinée. Suppliãt le Seig. Dieu en parfaiēte ſanté vous cõtinuer treſheureuſe & lõgue vie. D'Anuers ce. 13. Iuillet. 1 5 6 8. De. V. S.
Treſhumble & treſaffectioné ſeruiteur
Gabriel Meurier.

Les

LES AVTHEVRS EN CE Liure contenus.

Aristoteles
Anaxagoras
Aristippus
Alexãder mag.
Aulus Gell.
Ausonius
Augustinus
Ambrosius
Anto. de Gue-
  uarra.
Bernardus
Beroaldus
Bocacius

Chrysostomº
Cyprianus
Cicero
Catho
Chilon

Demosthenes
Diogenes

Eusebius
Euripides
Erasmus Rot.

Franc. Phil.
Gregorius
G. Morus.

Hieronimus
Herodotus
Horatius
Hesiodus
Hypocrates
Io. Euan.
Iuuenalis
Isocrates
Io. Nucerinus

Luc
Lu. Florus
Licurgus
Lud. viues
Math.
Marcus
Marc. Aurel.
Molinet
Menander
Marot.

Ouidius

Pythagoras
Plutarchus
Plinius senior
Plinius Iunior
Plato
Plautus
Policrates

Pub. Mimus
Phylon
Petrarcha.

Quintilianus
Quintus Curt.
Quidã Portug
Q. Hysp.
Salomon
Socrates
Solon
Seneca
Suetonius
Salust
Stob.

Themistocles
Terentius
Tit. Liuius
Tom. Hibern.

Valerius Max.
Vergilius
Veraldus.

Xenophótes.

Ysocrates.

Zeno.

A 3   A V

AV LECTEVR DE BON
vouloir, paix & alaigresse.

L'ON dit communement, & croy que le commun ne ment, que les dits notables & celebres à temps & lieux dits, esgayent & reueillent les esprits, mouuant ceste cause ne semble pas Impertinent, qu'ayōs mis en stampe & lumiere ce present liure, lequel comme estimons, seruira aux vns de vif exemplaire tant pour mener vne vie correcte & pour recreer ou soulager les esprits à la fois emcobrés d'ennuys & de festides: comme aussy pour former les meurs des ieunes, mesmemēt aguiser leurs esprits, & oultre ce que les âgés s'en poürront preualoir & seruir pour polir & orner leur lāgues, ensemble former escripts & missiues, & non moins pour les rendre plus accorts habiles & aduisés à promptement respondre à tous propos, voir captiuer la beneuolence de gens de bien, tant en voyageant ou cheminant comme en bonne compagnie, ie mass ure bien que tous ceulx qui le lirōt de telle affection qu'il leur est basty pour leur prouffit: en receuront auec contentemēt vtilité & fruit, & auec telle asseurance, vy lecteur humain, en ioüissance, & à Dieu soit commandé.

Aime

A.

AYme ton Dieu de tout ton cœur,
& tõ prochain car c'eſt tõ heur.
Apres l'obſcur & nubileux,
vient le ſerain & gracieux.
A courageux & magnanime,
fortune n'approche ny s'auoiſine.
A nul ne peut eſtre vray amy,
quy à ſoy-meſme eſt ennemy.
A toute hauteſſe & puiſſance,
eſt bien ſeante obeiſſance.
Auoir au cœur joye & lieſſe,
ſurpaſſe auoir joye & richeſſe.
Le Latin, Dit Anxia vita nihil.
Au mal-heureux eſt grand confort,
d'auoir compagnon & conſort.
Amys leaux & vieulx,
ſont bons en chaſque lieux.
Apres detriment & dommage,
chaſcun eſt accort & plus ſage. (nier.
A pecune & à denier, lõ ne peut rien de-
A mal-heur & grand encombrier,
pacience vault vn bon bouclier.
A quy fortune eſt maraſtre & contraire,
cure & diligence eſt peu neceſſaire.
A l'hoſpital les bons ouuriers,
en dignité les gros aſniers.
Aſsiduité enchemine facilité.

A 4　　　apres

A.

Apres poisson: laict est poison.
Aultant a coulpe le consenteur,
  comme du mesfait le propre autheur.
A l'an soixante & douse,
  est grand temps qu'on se house.
A quy veille, tout se reuele.
A ton gendre & à ton cochon,
  monstre leur vne fois la maison.
A longue corde tire,
  qui mort d'aultruy desire.
Ami feal vaut mieulx qu'argét ny or,
  qui le trouue a trouué tres-grãd tresor
Apres la feste, on grate sa teste.
Abondance est voysine d'arrogance.
A grand mal commettre & faire,
  peu de temps est necessaire.
Apres le past ou le repas,
  le dormir sain ne tiendras pas.
A bon goust & faim, n'y a mauuais pain.
Abondance de parolles,
  indice d'imprudence & friuoles.
A bon conseil preste l'oreille,
  cóme au bon vin flasque ou bouteille.
A la plume & au chant l'oiseau,
  & au parler le bon cerueau.
Amy enfraint, jamais plus sain.
Apres la poyre, presbtre ou boyré.

Roy

A.

Aujourdhuy	Demain fors
Roy	rien
grand	petit
maistre	varlet
cheualier	vachier
monsieur	moucheur
signor	singe-ord
marchant	meschāt ou refracteur (culāt
facteur	
tresorier	tresarriere
caissier	cassé
amy	ennemy
chaud	froid
marié	marry
en fleur	en pleur
en chere	en biere
en paix	en guerre
trompeur	trompé
en feste	en doeil
en terre	enterré
fleurissant	perissant
en verdure	en pouriture
en reputation	en putrefaction
en figure	en sepulture
à moy	à toy
deuant	derriere
en haut	embas
crediteur	debiteur
en siege	en piege

A.

A bône volunté, ne mâque têps n'opor-
A bon droit, aider on doibt.   (tunité.
a peu parler bien besoigner.
a jeune soldat: vieil cheual.
a grasse cuisine: poureté voisine.
a fol conteur: sage escouteur.
a vieil peché: nouuelle penitence.
a paroles lourdes, oreilles sourdes.
a petit mercier, tel panier.
a bon entendeur, peu de paroles.
a midy: estoile ne luit.
a la somme: cognoit on l'homme.
a poures gens, menüe monoye.
a la trogne, cognoit on l'hyurogne.
a mal mortel: remede ne medecine.
a mauuais coeur n'aide doctrine.
a la touche on esprouue l'or.
a chascun jour son vespre.
a chasque court son traistre.
a poure coeur petit souhait.
a putains des noix.
a petis enfants des pois.
a la proeue on escorche l'asne.
a petit chien: tel lien.
a chacun porceau : son sainct Martin.
a dur asnon, duit esguillon.
a bon jour, bonne oeure.

a pot

A.

a pot rompu, broüet espandu.
a barbe de fol: hardi rasoir.
a tous Seigneurs: tous honneurs.
a mauuais chien: la queüe luy vient.
a mauuais noeud: mauuais coignet.
a meschant chien court lien.
a regnard, regnard & demy.
a telle forme, tel soulier.
a dure enclume, marteau de plume.
a chair de loup: sausse de chien.
a tel sainct, telle offrande.
a la fiu : chante on le gloria.
a grande seicheur, grande humeur.
a toile ordie: Dieu mande le fil.
a l'ouurage: cognoit on l'ouurier.
a ton voisin: de ton pain & vin.
a femme sotte, nul ne s'y frotte.
a conseil de fol: cloche de bois.
a orgueil: ne manque cordueil.
a drap meschant, belle monstre deuant.
a conuoitise, rien ne suffit.
a peine bien & tost.
a chacun pot: son couuercle.
a moult de plaids, peu de faictz.
a la touche on espreuue l'or.
a vieil compte, nouuelle taille.
a pain dur, dent ague.

a bon

A.

a bon bocon grand cry & queſtion.
a pere amaſſeur, filz gaſpilleur.
a pain & oignon, trompette ne clairon.
A l'homme vaillant & hautain,
　la fortune luy preſte la main.
A ton filz, bon nom ſciéce art ou office.
A la proeue & à la fin,
　cognoit on le bon & le fin.
A petite achoiſon,
　ſe ſaiſit le loup du mouton.
Amy de lopin & de taſſe de vin,
　tenir ne doibs pour bon voiſin.
Auantage porte daim & domage.
Amour, toux fumée & argent,
　ne ſe peüét cacher longuement.
A l'hoſtel priſer, au marché marchander.
A pres raire, n'y a plus que tondre,
　n'y apres frire n'y a que fondre.
A cœur vaillant & voulant,
　rien difficil ne peſant.
A bon ouurier ne faut ouurage,
　ſi ſens ne luy manque ou courage.
Amour faict moult, mais argét fait tout.
A bien faire grain ne demeure,
　en peu de temps ſe paſſe l'heure.
Argent auancé, bras affolé,
　bien mal diſpenſé, toſt deſolé.

　　　　　　　　　　Aſſez

A.

Assez dépendre & rien gaigner,
 mene à mal le poure mercier.

Ar-
gét
{
 ard gent.
 fait rage, & amour mariage,
 contant, rend l'homme content,
 presté, ne doibt estre redemandé,
 fait perdre & pendre gent,
 sert au paure de benefice,
 & à l'auare de grand suplice.
 porte medicine,
  à l'estomach & poitrine,
 fait la guerre,
  tel le dit quy n'en a guere. (peau.
 fraiz & nouueau, gaste la chair & la
  de maint beau juuenceau.
}

Apprend moult, parle peu, oy prou.
Amour de putain feu d'estoupe,
 peu dure & luit moult.
Au prester Dieu, au rendre diable.

Aime { verité / vertu / equité / charité } fuy { mensonge / vice / peché / cruaulté. }

Affection aueugle raison.
A pain de quinzaines,
 faim de trois semaines.
A l'aueugle ne duit peinture,
  couleur,

A.

couleur, miroir ne figure.
Au besoing l'amy.
Amy de table est variable.
A regnard endormy, ne viēt biē ne prof- (fit.

Assez {
  parents, assez torments.
  seruiteurs, assez rumeurs.
  escorche qui tient le pied.
  demande,
    qui se complaind & lamente.
  a, qui se contente.
  gaigne, qui mal-heur perd.
  demande: qui bien sert.
  sçait, qui viure & taire sçait.
  octroye: qui mot ne dit.
  a: qui bon credit a.
  tost se faict, ce que bien se faict.
  veille, qui bien faict.
  va au molin, qui son asne
    y enuoye.
  va droit, qui des meschants
    fuit le sentier.
  n'y a, sy trop n'y a.
}

Allumer l'aueugle est chose vaine,
  & prescher au sourd perdre sa peine.
Amour est de telle proprieté,
  qui n'ayme n'est digne d'estre aimé.
Auarice est de tous vices la Royne,
                comme

comme orgueil de tous biés la vraye
Apres la tenebrosité, (ruyne.
  retourne la serenité.
Amy de bouche qui coeur ne touche,
  vault aultant aueugle que louche.
A qui Dieu veut aider,
  nul ne peut nuire ne dommager.
A barbe de fols apprend on à raire,
  & a bourse des asnes despence faire.
A promettre ne sois trop chaud,
  car sa promesse tenir il fault.
A bon vin ne fault poinct d'enseigne,
  non plus qu'au bon soldat d'enseigne.
Apres doeil boit on bien.
    DICTON.
A bien-endurant rien ne faut,
  endurer fault qui veut durer,
  raison gouuerne l'endurant,
  & le faict durer en durant.
    Du cours de la vie humaine.
A bien venir quatre-vingts ans viuions,
  dont le dormir emporte la moitié,
  aultres vingt ans soing & labeur auós.
Sans aultre dix qu'enfance nous manie,
  trois ou quatre ans emporte maladie,
  ainsy n'auons de reste, que sept ans,
  ou huyt au plus, de liesse ou bó temps.
                                    Sy

A.

Sy mesmerueille que sy peu de cure
faites d'acquerir vie touſiours durant,
ou toꝰ biés ſont ſãs nõbre & ſãs meſure.

A ce quy eſt faict ne ſe peut remedier,
 ne ce qu'eſt indõible medier.
A chete paix & maiſon faite,
 & te garde de vielle debte.
Amendement n'eſt pas peché.
Amour de ſeigneur n'eſt pas heritage.
Apres poiſſon, noix eſt contre-poiſon.
A ſon amy lon ne doibt rien celer,
 ne le ſecret d'iceluy reueler.
Aux teſts & au ropts,
 cognoition qu'elz furent les pots.
A peine cognoiſtrà l'eſtrangier,
 quy ne cognoit le familier.
Aultant de villes aultant de guiſes,
 aultant de femmes mal appriſes.
Aux marques cognoit on les balles,
 & au parler les langues màles.
Aſſeuré dòrt quy n'a que perdre.
A courtes chauſſes, longues lanieres.
Auec gens de bien, tu ne perdras rien.
Ainſy va, quy mieulx ne peut.
A quy Dieu veut aider,
 nul ne peut greuer.

Au

A.

Au reueiller sont les doleurs,
    apres mal faire soupirs & pleurs.
Au besoing cognoit on l'amy,
    s'il est entier, faint, ou demy.
Aultant de gens aultant de sens.
Aulmosne donnée au bon & indigent,
    sert comme de medecine au pacient.
Assez va au molin, qui son asne y enuoie,
    assez va droictemét qui du mal fuit la (voye.
Aymer & sçauoir,
    n'ont vn seul m'anoir.
Amour, argent, toux & fumée,
    en secret ne sont demeurée.
Auec le florin, roncin & latin,
    par tout l'vniuers ló trouue le chemin.

DICTON.

Appren, retien & tu sçauras,
    pren soing, mesure & tu auras,
    mange peu, dors en hault & viuras.
Au departir sont les dolours.
Aux yeulx la l'vne, bonne fortune.
Ancieneté a authorité.
Amour sur beauté n'a jugement.
Aprés le crud, le pur est creu,
    vel, le pur est bien venu.
    Du Latin contenant, post crudum purum.
A l'auenture met on les oeufz couuer.

B i   Argent

A.

Argent est huy de telle nature,
    qu'il aueugle mainte creature.
Assez tost sy bien.
Au meilleur drap & plus fin,
    git le dol & mal-engin.
Aimer est doulx non pas amer,
    quand est suyuy de contr'aimer.
A horions & escarmouche,
    le couard se cache ou se couche.
Asne d'arcadie,
    chargé d'or mange chardons & ortie.
Artisan qui ne ment,
    n'a mestier entre gent.
    La regle est faulse.
A meschâte foire, bóne chere & bié boi-
Aultant vault le mal qui ne nuit,   (re.
    que le bien sans ayde & proffit.
Au meschant pardonner,
    est le bon iniurier.
A l'enfant, au fol ne moins au vilain,
    ne duit cousteau ne baston en la main.
Auarice est grand torment & suplice.
A nopces & à la mort en maint païs,
    cognoit on les parents & les amys.
A boire & manger exultamus,
    mais au desbourser suspiramus.
A confesseurs, medecins, aduocats,
                                    la ve-

A.

la verité ne cele de ton cas.
Amys font bons en toute place,
　qui n'en a (s'il est sage) s'en face.
Aide toy & Dieu t'aidera,
　fay bien & mal ne t'en prendra.
Argent refusé ne se despend pas.
Aussi tost meurt veau comme vache,
　& le hardy comme le lasche.
A l'enprunter cousin germain,
　mais au rendre filz de putain.
A columbes saoules cerises sont ameres.
A ronde table n'y a debat,
　pour estre plus prés du meilleur plat.
A chàcun oiseau, son nid semble beau.
Aux petis sacs sont les meilleurs espices,
　de bons cerueaux vienét bós auspices.
Aultant fait celuy qui tient le pied,
　que celuy qui escorche.
A Dieu, à maistre ny à parent,
　lon ne peut rendre l'equiualent.
Au poure vn oeuf vaut vn boeuf.
A tort se lamente de la mer,
　qui ne s'ennuit d'y retourner.
A coeur heroic & hautain,
　fortune preste souuent la main.
Aller conuient tout beau,　　(& peau.
　qui ne sçait escorcher endōmage chair

A.

Au païs des aueugles croy,
　qui a vn oeil y est Roy.
A qui voudra Dieu estre fauorable, (ble.
　ne craigne rié quoy qu'il soit dómagea
Aller & retourner fait le chemin frayer.
Assez semble que celuy sçait,
　qui en temps deu taire sçait.
Amour de putain feu d'estrain,
　voyons de nous passer soubdain.
A vn pot rompu, on ne peut mal faire.
Amy de plusieurs, amy de nulluy.
Aux nopces du feronier,
　chacun pour son denier.
Aux amants & aux buuants,
　chemin est court auec le temps.
Achete le lict d'vn grand debteur,
　car à dormir il porte bon heur.
Aux hommes on baille des femmes,
　& aux enfans des verges fermes.
Apres poisson, noix en poids sont.
　C'est à dire: en estime & pris.
Au vis, se descouure souuent le vice.
Assidue occupation,
　corrompt charnele tentation.
Arrogance & hautaineté,
　tienent escorte à la beauté.
A grande & greue maladie,

bonne

A.

bonne medicine y remedie.
A chàcun sa propre doleur,
　semble plus greue & la greigneur.
A l'office du commun,
　bon ou meschant il en faut vn.
A la pecune tout obeit hormise fortune.
A besogne faicte, argent appreste.
Apres la poyre presbtre ou boire.
Acquier sy peus en ta jeunesse,
　pour reposer en ta vieillesse.
A chascun respondre est chose seruile,
　chàcun blasmer est chose tres-uile.
Auarice rompt le sac.
A tard se repent le rat,
　quand par le col le tient le chat.
Auec le temps les petis deuienēt grāds,
　auec la paille & le temps,
　se meurissent les nesfles & les glands.
Auec le temps,
　on cognoit les bons marchands.
　　De la qualité des jours & mois
　　　　de l'année.

A la sainct.
{ Valentin, le printemps est voisin,
　martin, l'hyuer est en chemin. (ce.
　Luce, le jour croit le sault d'vne pul-
　Barnabé, le Plus long jour de l'esté.
　Vrbain, le froment a fait son grain.

B 3　　A la

A.

A la sainct { Laurent la chaleur.
Vincent la froideur,
 mais l'vne & l'aultre guere ne dure
Mathias, se fond & brise la glace.
Simon, le fruict du mesplier est bon.
Giles appreste ta meiche pour la

année neigeuse, année fructueuse. (veille
Année seiche n'apourit pas son maistre,
 Ianuier & Feburier,
 comblent ou vuident le grenier,
 Feburier le court, est le pir de tout.
Au commencement ou à la fin,
 Mars a sa poyzon & venin.

Presage commun des agriculteurs.
Mars aride Apuril humide,
May le gay tenant de tous deux,
 presagent l'an plantureux.
Aougst, meurit bled grappes & moust.

Aultre dict du paysan.
Apuril pluuieux May gay & venteux,
 denotent lan fecond & gracieux,
 du matin l'Apuril à dormir est habil.
Apres Pasques & rogation,
 fy de presbtre & d'oignon.
 Entre la toussaints & Noel,
 ne peut trop plouuoir ne venter.
Vn mois auant & puis Noel,

l'hyuer

A.

l'hyuer se monstre le plus cruel.
A bref parler & tout comprendre,
  mourir conuient & raison rendre.
A la court du Roy, chascun pour soy.
A vn oeil creué,
  vne fereluche ne peut nuire.   (che.
A cheual dōné, ne luy regarde en la bou-
A la plumette, on cognoit la testelette.
Apres besogner conuient reposer.
Au premier coup, ne chet pas l'arbre.
A bon droict est puny,
  qui à son maistre a desobey.
Apres la feste & le jeu,
  les poys au feu.
Au matin les monts, au soir les fonds.
Aduenienti salue, recedenti solue.
A toute heure,
  chien pisse & femme pleure.
A quelque bien, duit fange & fien.
Apres cendre n'y a que prendre.
Au riche homme souuent sa vache véle,
  & du poure le loup veau emmene.
Au foible le fort, fait souuent tort.
Apres morte paye, en vain on abbaye.
A qui fortune est inseconde,
  la propre vie luy surrabonde.
Aymer n'est pas sans amer.

A.

Apres grand feste grater sa teste.
Amour de putain & ris de chien,
  tout n'en vaut rien quy ne dit tien.
Apres le faict, ne vaut souhait.
Au ventre tout y entre.
Au plus debile la chandele en la main,
  à l'hóme vile se presche hóneur en vain.
Assez faict quy fortune passe,
  & plus encore qui putain chasse.
Apres vent, pluye vient.
Au despendre git le proffit.
A nouuelles ouyr, oreilles ouurir.
A l'estendart, tard va le couard.
A la quenoüille, le fol s'agenoüille.
A barbe de fol le rasoir est mol.
A tard crye l'oiseau quand il est pris.
Amour de ramiere blandissemét de chié.
Amitié de moyne, conuy d'hostelier,
  ne peut que ne te couste denier.
Amitié de gendre, soleil d'hyuer.
A l'aueugle ne duit peinture,
  couleur, miroir ne figure.   (reux.
Au mal-heureux peu proffit estre vale-
Au laboureur nonchaland,
  les rats rongent son grain & ahan.
Année glandeuse année chancreuse.
Année nubileuse, année plantureuse.
                              a l'ancien

A.

A l'ancien & majeur,
　toute reuerence & honneur.
Au defgoufté, le miel amer eft.
A mal ou bien manger,
　trois fois conuient drinquer.
Aujourd'huy ne te fye point,
　en l'homme finon bien à point.
Auant de te marier,
　aye maifon pour habiter,
　& terre noire pour cultiuer.
A main l'auée, Dieu mande la repuë.
Aymer flateurs, croire de leger,
　engendre de maulx vne grand mer.
Au mort & à l'abfent, iniure ny tormēt.
Amy feal vaut mieulx qu'argent n'y or,
　quiconq̄ le trouue a trouue grād trefor
Argent fraiz & nouueau,
　gafte la chair & la peau,
　de maint beau juuenceau.
Amis vieulx font bons en tous lieux.
Afne picqué, à troter eft incité.
Au ris cognoit on le fol & le niez.
Au feruiteur, le morceau d'honneur.
A poures gents, enfants font richeffes.
Auarice deçoit l'auare & chiche.
Au manger l'homme, fe doibt dépefcher.
Apres blanc pain, le bis ou faim.

　　　　　　　B 5　　　amours

A.
Amours nouuelles oublient les vieilles.
Dict Commun.

A. {
bon gendarme bonne lance.
bon yuroigne bonne pance.
mauuais ſourd bonne oreille.
bon buueur, telle bouteille.
bon bluteur May propice.
chair-cuitier bonne ſaucice.
}

Au veſpre loüe l'ouurier,
  & au matin l'hoſtelier.
A peine endure mal qui ne l'a apprins.
A ton Seigneur & Roy,
  garder conuient la foy.
A la ſainct Martin,
  on boit le bon vin.
A table nul ne dort,
  chaſcun y eſt bien accort.
Aye ſoing & cure de bien gaigner,
  car temps auance pour gaſpiller.
Aultant de gents, aultant de ſens.
Auec le vent, on nettoye le froment,
  & vice auec ſuplice & chatoyment.
A cheual courreur ny a l'homme joüeur,
  ne dura oncques guere l'honneur.
Au fromage & jambon,
  cognoit on voiſin & compagnon.
Amour vainct tout, & argent fait tout.

                        A faulte

A faulte d'honnorable & sage homme,
  lon baille au fol l'office & somme.
A mal enraciné, remede tard appresté.
A bastir trop se haste,
  qui commence à bourse platte.
Au parler ange, au faire change.
Aneau en doigdt ou en main,
  nul proffit & honneur vain.
Au bout de l'aulne prend fin,
  tout drap soit gros ou fin.
Au feu vriner est sain,
  & y cracher est vain.
Aller & parler peut on,
  boire ensemble & manger non.
Au matin boy le vin blanc,
  le rouge au soir pour le sang.
A vn haut mont tresfort agu,
  semble l'orgueilleux tost abbatu.
A chàcun respondre est chose seruile,
  chàcun blasmer est chose tresuile.
Auarice rompt le sac.
A ton maistre ne te doibs jouër,
  n'y à plus haut que toy frotter.
A faulte de chappon, pain & oignon. (le.
A la chandelle, la cheure seble damoysel
A vieil hôme, nouuelle peine & somme.
A ce que ton mary contente,
                    à mettre

B.

À mettre la table ne fois trop lente.
Cecy ce dit pour les femmes bien deiunées,
& non-chalantes de leurs maris.

A quy a oueilles & tropeau,
 ne manque toifon l'aine ne peau.
A doleur de dent,
 n'aide viole n'inftrument.
Apres befogner repos & denier.
apres cefte vie immonde,
 viendra l'heureufe & feconde.
à la fainct barnabé, la faulx au pré.
à bien petite occafion,
 fe faifit le loup du mouton.
Arbre trop fouuent tranfplanté,
 rarement faict fruict à planté.

B.

BIen-heureufe eft la maifon,
 ou prudence regne & raifon.
 Bien-heureus, qui a femme fage,
 car ceft l'ornement du mefnage.
Bonnes raifons mal entendues,
 font comme fleurs à porcs eftendues.
Bien dirons & bien ferons,
 mal va la nef fans auirons.
Bien aime qui n'oublie,
 bien faict qui s'humilie.
Bien venu à la porte,

eft

B.
est celuy qui apporte.
Bon est le medecin qui se peult guerir.
DICTON.
Belle femme mauuaise teste,
　bonne mule mauuaise beste,
　bon païs mauuais chemin,
　bon aduocat mauuais voisin.
Belle promesse fol lie.
Bien vient & coeur fault.
Besoin fait vielle trotter,
　& l'endormy resueiller.
Bon est le denier & l'argent,
　à la raison obedient.
Besogner du matin,
　est le vray & le fin.
Bon fait saigner toute gent,
　quand barbiers n'ont point d'argent.
Bon gaignage fait bon potage.
Belle chere & coeur arriere.
Bon nageur,
　de n'estre noyé n'est pas seur.
Bon guet chasse mal-àuenture.
Belles parolles & meschants faits,
　trompent les sages & sots parfaits.
Bon vin mauuaise teste.
Bon vin faict bon vinaigre,
　& mal traicter femme doulce aigre.
　　　　　　　　　　　　　Beau

B.

Beau s'a taire & ne dire mot,
　qui est libre & franc d'escot.
Bon oison mauuaise oye.
Bon droit a souuent mestier de bó aide.
Bon marché Tire l'argent de la bourse.
Bonne doctrine prend en luy,
　qui se chastie par aultruy.
Bonne amitié, est vne seconde parenté.
Battre le fer il faut,
　tandis qu'il est bien chaud.
Beauté sur eccellente beauté,
　la rend priuée de sa dignité.
Bon fait sçauoir quelque mestier,
　pour s'en ayder s'il est mestier.
Bonne terre a mestier de bó cultiuateur,
　aussy bóne maison de bó ministrateur.
Bonnes paroles oignent,
　& les meschantes poignent.
Bien nourir faict dormir,
　& bien viure bien mourir.
Bruyne est bonne à vigne,
　& à bleds la ruyne.
Bien de fortune passe comme la lune.
Bruyne obscure, trois iours dure.
Beauté de femme est vn reueille matin.
Bride & esperon, font le cheual bon.
Bonne journée faict qui deliure,

B.

sa maison de fol homme ou yure.
Bien peu de chose est destourbier,
　au mal artiste & mal ouurier.
Benefice à l'indigne est malefice.
Bonne volonté supplie à la faculté.
Beau gaing fait belle despense.　　(ble,
Bons & mauuais n'appetết d'estre ensem
　toute chose requiert ce q̃ lui ressemble
Baston porte paix, & le facquin faix.
Beauté & folie, sont souuent en cõpagnie
Beauté sans bonté, est comme vin euếté.
Beau parler n'escorche langue.
Bien escorche à qui ne deult,
　assez faict qui faict ce qui peult.
Bien porte cil à qui ne poise,
　assez faict qui fort apriuoise.
Bien danse à qui fortune chante,
　encore plus bien qui mal deshante.
Band du gras bolognois,
　dure trente jours moins vn mois.
Brebis contée, mange bien le loup.
Bien perdu, mal despendu.
Bien se doibt sentir net,
　qui de mal dire s'entremet.
Bõ cheual mauuais cheual veult l'esperõ,
　bonne femme, mauuaise féme veult le
Bats le meschant il empirerà,　(baston.
　　　　　　　　　　　　Bats

B.

Bats le bon il s'amendera.
Buche tortue faict bon feu.
DICTON.
Beauté auec chasteté,
    sagesse accompaignée de richesse,
    jeunesse auec continence,
    & vieillesse, sans maladie,
    sont rarement en compagnie.
Brune matinée, belle & claire journée.
Bien meurt, qui volontiers meurt.
Bien parler est la voye de bien viure.
Bien parler est du sage,
    & de bien viure son vsage.
Beaulté est accōpagnée d'arrogance
    & de hautaineté.
Bōne œure faite par craite,
    est fardee & feinte.
Bien auoir vescu en jeunesse,
    est le vray guerdon de vieillesse.
Bonne amitié, excuse parenté.
Besogne faicte, attend sa desserte.
Bon courage, diminue le dommage.
Bon fait sçauoir bien & mal propremēt,
    mais vser faut de l'vn tant seulement.
Bouche fresche pied sec.
Brebis mal gardée,
    du loup est tost happée.

matinée

B.

Brune matinée, belle journée.
Boys inutil porte fruict precieux.
Bourbes en may espics en aougst.
Boire à tout torrent, tourner à tout vét.
Brebis qui n'a bon chef,
  bien tost vient à grand meschef.
Baniere vieille honneur du capitaine.
Bien dire vaut moult,
  bien faire passe tout.
Bras à la poitrine, jambe en gesine.
Bon temps & bonne vie,
  pere & mere oublie.
Bien n'est cogneu, s'il nest perdu,
  vel. bien perdu bien cogneu.
Bónes, oeures, besognes & les ouurages,
  sont des ouuriers vrays tesmoignages.
Bourse sans argent & sans denier,
  est l'arme d'vn chetif escuyer.
Boeuf las marche soeuf.
Bien-heureux est tenu celuy,
  qui n'a de passer l'huys d'aultruy. (téps
Bonnes nouuelles se peüét dire en tout
  mais les mauuaises seulemét au leuát.
Bon vin rechauffe le pelerin.
Boy vin comme Roy, eau côme toreau.
Brebis contée, mange bien le loup.
Bonté excelle-beauté.

C i bonne

B.

Bonne fame & bon renom,
  patrimoine sans paragon.
Bien seruir fait amis,
  & vray dire ennemis.
Bien dire fait rire, bien faire fait taire.
Beaucoup promettre & rien tenir,
  est pour vrais folz entretenir.
Bien juger & comprendre,
  despend de bien entendre.
Bien-heureux est qui se contente,
  de ce que Dieu luy mande pour rente.
Bien tard venu, pour neant tenu.
Beaucoup de nouuelles,
  ne sont sans bourdes belles.
Bon coeur ou bô sang ne peut mentir.
Brides a veaux, & bran à porceaux.
Bien entendre mieulx parler & faire,
  à chascun est moult necessaire.
Bouches en coeur aux sages,
  & coeur en bouche aux fols.
Bien conté & rabbatu somme,
  mourir conuient pour vne pomme.
Bon fait aller à pied,
  quand on tient le cheual par la bride.
Barbe moüillée à demy rée.
Bien perdu, bien cogneu.
Boucon englouti, n'acquiert amy.
bouchée

B.

Bouchée de meschant pain,
  pour ton allan ny prochain.
Barbe rousse noir de cheuelure,
  est reputé faulx par nature.
Brebis par trop apriuoisée,
  de chacun aignel est tettée.
Bien gaigné se perd,
  & le mal, auec son maistre.
Belles paroles de bouche,
  & garde la bourse.
Bois sont oreillés, & champs œillez.
Bon nom bon.
Bien tard rien.
Bonnet souuent au poing,
  ne picque & ne mord point.
Biens d'amis,
  egalement doibuent estre compartis.
Bon marché,
  deçoit les simples au marché.
Bastard & bon, c'est aduenture,
  estant mauuais c'est de nature.

C'est chose {
  dure & moult contraire,
    d'estre à poureté tributaire.
  humaine son mal sentir,
    & lasche ne le poüoir patir.
  abjecte se monstrer aigre,
    quand vn amy est bien alaigre.
}

C 2   honneste

C.

C'est chose
{
honneste à l'homme d'vser,
   du langage à soy familier.
facile au guerroyant,
   de conuaincre le non repugnant.
tresardue & moult rude,
   de resister à l'habitude.
folle de perdre l'esperance,
   dont y a quelque recouurance.
vile enorme & lasche,
   ruer le manche apres la hache.
illustre & tresloüable,
   tost oublier l'irrecouurable.
ardue & trop proffonde,
   que d'aggreer à tout le monde.
plus vile d'estre lentement loüé,
   qu'acerbement d'aucun vituperé,
raisonable de se rallegrer,
   voyât les amys gays & se recréer.
}

Celuy loüer debuons,
   de qui le pain mangeons.
Celuy a tresgrand' sapience,
   qui jour & nuit à la mort pense.
Celuy ne sçait pas peu,
   qui confesse rien sçauoir.
Cognoistre on doibt auant aymer,
   tant soit le doulx comme l'amer.
Coucher de nuit: du matin seoir,

   droit

C.

droit à midy: aller du foir.
Comme chante le chapelain,
   ainfy refpond le facriftain.
Charité oingdt: peché poingdt.
C'eft la pire roüe comme eft trefleur,
   qui faict plus de bruit & rumeur.
Ce que poulain prend en domture,
   il le maintient tant comme il dure.

DICTON.

Charüe de jeunes veaux,
Chaffe de jeunes cheuaux,
   & de jeune faulçon la volée,
   font rarement bonne journée.
Ce que dit le bedon,
   a de credit quelque fon.
Ce que femme file de fin matin,
   ne vient pas fouuent à bonne fin.
Celuy qui ayme Dieu,
   eft feur en ton lieu.
Ce que fe fait de nuit, paroit de jour.
Celuy n'eft pas bon Empereur ne Roy,
   qui ne fe regit & n'impere à foy.
Celuy n'eft vrayement bon ny vertueux,
   qui aux mauuais n'eft quelq̃ fois rigo-
Celuy qui eft tombé,   (reux.
   ne peut releuer le tombé.
Cruauté latente & grand fureur,

C.

toſt s'auere en ſuperieur.
conſcience vaut en eſſence,
   de mille teſmoings la preſence.

C'eſt {
vne poure muſe,
   qui n'a ſon excuſe.
vne vile perte,
   qui par negligence eſt faicte.
grand prudence & ſageſſe,
   d'eſpargner pour la vieilleſſe.
grand indice de vraye prudence,
   trouuer en femme tenir ſilence.
vne mal-heureuſe ſourys,
   qui n'a pour giſte qu'vn ſeul per‑ (tuys.
vne vile ingratitude,
   de ne rendre auec promptitude.
treſ-grand vice que de ſe taire,
   quand de parler eſt neceſſaire.
au bon honneur & grand pris,
   d'eſtre du meſchant en deſpris.
vne treſgreue triſteſſe,
   qui ſuruient apres allegreſſe.
grand moleſtie,
   dire je vous prie.
vn facheux tropeau à garder,
   que de ſottes filles à marier.
grand' indulgence & pardon,
   d'imiter des preuds le patron.

                              choſe

C.

C'est { chose honnorable & non infame,
d'expofer la vie pour la tuitiõ de fa
grãd follie de commencer, (fame.
ce que ne fe peut acheuer.
cruaulté & ignorance,
de mettre fa fame en nõ-chalance.

coeur content grand talent.
chair fait chair, & poiffon poifon.

DICTON.

corbeaux auec corbeaux,
　ne fe creuent jamais les yeux,
　non plus q̃ les brigãds grãds maulx,
　ne fe font l'vn l'autre mais mieulx.
chair de mouton,
　manger de glouton.
cheual courrant, fepulture ouuerte.
ce qu'on donne luit,
　ce qu'on mange put.
cheual de paille, cheual de bataille.
compere de la poüille,
　coufte & defpoüille.
coeur content & manteau fur l'efpaule.
chafcun veut reprendre l'aultruy vice,
　& nul ne veut eftre taxé de fõ malefice.
comme le boeuf par les cornes on lye,
　auffy les gens par leurs mots ou folye.
ce pendant que le loup chie,

C.

la brebis au bois s'enfuit.
Ce que doibt estre ne peut manquer,
    non plus que la pluye en l'hiuer.
Ce que n'entre au corps,
    entre aux maches ou aux bords.
C'est follie de manger cerises auec seig-(neurs
    car ils prenêt tousiours les pl° meures.
Chair vieille fait bon brouet,
    & frais poyure saupiquet.
Commencement n'est pas fusée,
    mauuaise vie est tost finée.
Chasque meschant, est ignorant.

Chose ⎰ perdue, chose cogneuë.
      ⎮ bien cômencée, est à demi acheuée.
      ⎮ acquise & suée,
      ⎮   est plus cherie qu'heritée.
      ⎮ bien dite, n'a replicque ne redite.
      ⎮ solitaire, ne peut estre allaigre.
      ⎮ communicquée,
      ⎨   est plus suaue & aymée.
      ⎮ facile est plus credible.
      ⎮ moult affectée, est la plus estimée,
      ⎮ trop veüe, perd sa grace & veüe.
      ⎮ rare & sumptueuse,
      ⎮   est la plus precieuse.
      ⎮ bien dónée, n'est perdue n'esgarrée.
      ⎩ auec son contraire, ne peut estre.

                                    Chose

C.

Chose {
- nouuelle, rejouit l'esprit & renouuelle.
- rare est care.
- de tous desirée, de peu possessée.
- tortue, ne feit oncques bône venue.
- guere veüe, est plus chere tenüe.
- violente, ne peut estre permanente.
- de grand ouurage, veut temps par vsage.
- forcée, est de petite durée.
- cherement tenüe, à demy vendue.
- tard venue, pour rien est tenue.
- petite, deuient bien grande.
- irraisonable, jamais durable.
- mal acquise: prend mal fin & guise.
- rarement vsée, deuient obscure & offusquée.
- faite, conseil prins.
- rare & moult difficile, paroit plus belle & moins vile.

Ce qu'est venu de pille pille,
preft s'en reua de tire, tire.
C'est vne chose tres-difficile d'apprédre,
à donner quand on a appris à prédre.
C'est chose ardue & moult proffonde,
de complaire à Dieu & au monde.
Chappon de huit mois, manger de Rois.

C 5   conseil

C.

conseil d'oreille,
  ne vault pas vne grouselle.
chat & chaton, chassent le raton.
case ou maison de terre cheual d'herbe,
  amy de bouche,
  ne vaillent pas vne mouche.
courone rase, bien en sa case.
charüe de chien ne vault rien.
ce qu'on apprend au ber,
  dure jusques au ver.
    Ber vault aultant à dire comme le berceau,
      & le ver la mort.
Ce que sans dómage pouons recouurer,
  à l'estranger ne debuons denier.
Competence est proche à difference.
Cheual faisant la peine,
  ne mange pas l'auoine.
Cordoeil doleur & ennuy,
  ne produisent fleur ne fruit.
Comme l'eau laue les immundices,
  bóne doctrine purge & oste to' vices.
Contre fortune la diuersse,
  n'y a sy bon char qui ne renuerse.
Chasser conuient de son hostel,
  le babillard malin mortel.
Chàcun n'a pas ce qu'il chasse,
  d'amour, de court ny de chasse.
              comme

C.

comme le sage se gouuerne par raison,
 le fol s'amende par le bastō. (seuerer,
chose humaine est pecher diaboliq̄ per-
 angelicque se repentir & amender.
comme l'eau purge l'immundice,
 bonne doctrine oste tout vice.
corps mal sain faict bien belle vrine,
 & beau blé sans goust blanche farine.
chariot engraissé & oint,
 a charier est mieulx empoint.
ce que Dieu donne de nature,
 ne peult oster aucune creature.
cōme grãd dormir n'est pas sans songe,
 grand parler n'est pas sans mensonge.
chere de bouche souuent coeur ne tou-
celui qui trop parle & babille,   (che.
 trouue plus de trous qu'aultre de che
c'est l'estat d'vn gautier,   (uille.
 d'estre en hyuer fourmier,
 & en esté tauernier.
ce que le poulain apprend en domture,
 il le retiẽt tant qu'il vit & qu'il dure.
ce que ne se peut echeuer,
 souffrir conuient & tollerer,
continuance se conuertit en vsance.
c'est follie de perdre la chair pour les os
c'est follie de beer contre vn four.

vaner

C.

C'est follie de
{
vaner les plumes au vent.
faire vn coing de son poing.
se bouger quand on est bien.
puisser eau au cribleau.
manger cerises auec son Seigneur.
semer les roses aux pourceaux.
faire de son medicin son heritier.
recalcitrer contre l'aguillon.
se joüer à son maistre.
resueiller le chat qui dort.
perdre la volée pour le bond.
se harper aux femmes & aux bestes.
vouloir voler sans ailles.
bien gaigner & mal espargner. (feu.
mettre les estouppes trop pres du
se despoüiller auāt d'aller coucher.
}

Ce que
{
plait est à demy vendu.
croist soudain: perit le lendemain.
le baron ayme, femme a en haine.
plait est a demy fait.
tu doibs faire demain,
  ne differe à mettre la main.
l'enfant oit au foyer,
  est tost cogneu jusques au môstier.
se donne enuy ou tard,
  d'ingratitude a semblance & part.
ne veus pour toy,
}

ne

C.

Ce que
- ne vueille pour moy.
- lon vse n'a nulle excuse.
- gouste à la bouche,
- desgouste la bourse.
- l'homme espargne de sa bouche,
- le chié ou chat viét qui l'ébouche.

C'est follie dit Pithagoras en vn endroit,
de mettre en son doigdt vn aneau par (trop estroit.
Conseil apres le fait,
ne vint oncques à bon effect,
Continuer fait l'homme habile,
tant soit lourd, rural & labile.
Conuoitise fait petit mont.

Celuy
- fait vne tresbonne journée.
- qui du fol prend sa detournée.
- ne sçait qu'est vendre vin,
- qui de May n'attend la parfin.
- est pourueu de peu de sçauoir,
- qui se tue pour ce q̃ ne peut auoir.
- est bien pere, qui nourrit.
- est bien mon oncle,
- qui le ventre me comble.
- ne veut qui tard veut.
- est tenu preud & sage,
- qui de bien faire prend son vsage.
- qui est trop endormy,
- doibt prendre garde à la formy.

Celuy

C.

Celuy {
- là fait tref-belle aumone,
  - qui le pecheur prefche & fermone
- qui à de se faire riche,
  - faind l'indigét & deuient chiche.
- est fol qui aduife & prend garde,
  - aux faits d'aultruy & les fiés ne regarde.
- de raifon fe peut taire,
  - qui n'eft oüy, & fe retraire.
- qui n'aime que pour macher,
  - n'eftime pour ton amy cher.
- femble auoir fa caufe orde,
  - qui a meftier mifericorde.
}

Chofe {
- immoderée, ne peut eftre de durée.
- du monde en pris,
  - de Dieu eft en mefpris.
- de pris & de tous affectée,
  - eft toft furée n'eft q̃ foit bié gardée
- trouuée & non reftituée,
  - eft comme emblée & defrobée.
- contrainte ne fut onques fainéte.
- mal acquife, à mal fin & guife.
- accouftumée rarement prifée.
- en tendre efprit imprimée,
  - eft de couftume de longue durée.
- par trauail acquife,
  - fe garde par meilleur guife.
- acquife facilement,
}

ne fe

C.

Chose
- ne se garde trop cherement.
- de chàcun moult affectée, est tost perdue & égarrée.
- qui n'est en raison fondee, ne peut estre de longue durée.
- la plus recommandée, du chat est souuent emportée.
- deffendue & prohibée, est la plus desirée.
- humaine est pecher nó angelicque, & perseuerer chose diabolicque.

Chàcune
- ouaille cerche sa pareille.
- maison a sa croix & passion.
- ville à son tour, plaind son dueil & dolour.
- cité a mestier, d'art stile & mestier.
- mort a sa bataille, & chàcun grain sa paille.

Contentement & volunté, ont grand poüoir & auctorité.
concorde tout accroist & accorde, & discorde tout rompt & discorde.
ce qu'est ja accompli & fait, ne peut demeurer imparfait.
chair vin & pain, font perdre la faim.
cras, cras, cras, sic transit omnis ætas.
cheual bó & trotier, esperó n'a mestier.

commande

C.

Commande & fait, il sera fait.

Ce n'est pas
- tout euangile,
  ce qu'on dit parmy la ville.
- tout or ce que reluit,
  ne farine ce que blanchit.
- petite prudence,
  d'oublier d'aultruy l'infipience.
- deshonnesteté,
  confesser sa calamité.
- vray aumòne,
  qui sans esgard se donne.
- la vraye bonté,
  d'vser au meschant equité.

Ce qui nous vient à l'oeil de nouueauté,
  nous semble bō & plein de grād beau-(té.
Celuy est vrayement riche,
  qui son cœur en Dieu fiche.
Conseilliers ne sont pas les payeurs.
Cuider fait souuent l'homme menteur,
  & d'vn maistre petit seruiteur.

Contre
- la mort, remede ne confort.
- tous maulx la vraye medicine,
  est de pacience la vraye racine.
- vn jaseur remply de sot langage,
  jamais ne prē debat si tu es sage.
- morsure du chien de nuit,
  le mesme poil tres-bien y duit.

Contre

C.

Contre {
fortune, force aulcune.
putain & larron,
    n'y a rime ne raison.
fortune aspre & dure,
    en fin vainct qui bien endure.
fort & faulx,
    lettre, cedule ne seaulx.
deux, hercules ne peut.
la mort ne vault effort.
la mort la vraye targe,
    est le pain & le fromage.
la mort dure,
    ne vault force n'armure.
}

continuelle grauité,
    perd sa grace & auctorité.
ce qu'auons par gratuité,
    semble tousiours moins estimé.
couroux, ire & grand festination,
    sont ennemis de conseil & raison.
calamité est quereleuse,
    & richesse chose moult ponder euse.

Chacun {
desire & affecte, ce qui delecte.
fauorise à son oeure & à sa guise.
portera son fardeau.
ayme le sien.
pour soy & Dieu pour tous.
grain a sa paille.
}

D   chàcun

C.

Chácun {
tire l'eau à son molin.
mont, a son vallon.
n'a pas sa demande.
mercier portera son panier.
est Roy en sa maison.
a son opinion, & non discretion.
ira au molin auec son propre sac.
demain apporte son pain.
cerche son propre proffit.
fait ce qu'il peut,
ne fait pas ce qu'il veut.
veut estre homme de bien.
n'a pas trop de bien.
veut prendre debat.
veult prendre bon téps & son esbat.
n'a pas son M O L I N E T.
ne dort pas en M O L I T N E T.
veut auoir munde robbe.
Dieu & le monde robbe.
oiselet gasoüille côme il est ébecqué
mercier, prise ses aguilles & son pa-
(nier.
n'a pas le cerueau,
gros comme vn veau.
est coustumier,
de loüer son oeure & mestier.
s'aide de sa praticque, (tique.
l'vn à la moderne & l'aultre à l'an-
est
}

C. 26.

ſeſt eloquét pour deffédre ſõ differét
a ſa teſte, martĩ le veau & aultre be-
le froid ſent, ſelõ ſon veſteméṫ. (ſte.
eſt amy & parent,
   du proſpere & opulent.
parle & ment,
   & faict comme il entend.
deſpend le ſĩé, & nul ne gaigne rien.
ſe lamente qu'il n'a iſſue ne vente.
emprunte & prend, & nul ne rend.
preſche & ſermone,
   & à bien faire n'y a perſone.

{ Chácun

ſe deguiſe, & veut viure à ſa guiſe.
craind la guerre,
   par ce que ne vault guere.
fait rage, & les fols gaſtét le potage.
careſſe les gros queux,
   & dechaſſe les poures gueux.
veut joüir du tiltre de bon,
   mais de ſe ranger à bien non.
braſſe & cabaſſe,
   & le cerueau ſe caſſe.
veut auoir raiſon,
   mais d'en vſer manque la ſaiſon.
fait le bragard,
   & chácun n'a pas vn patart.
ſe deult du mal de flancz,

          D 2   impute

C.

Chăcun
- impute la coulpe au poure temps.
- à sa mode,
  & les asnes à l'antique corde.
- se plaind, que son grenier n'est pas plein.
- se lambique la ceruelle,
  à forger quelque nouuelle.
- fait le bizard,
  portant la queüe de regnard.
- pour sõ pris, pour sa valeur & poids,
  n'a pas deux oeufz apres ses pois.

commun n'est pas comme vn.
cheuaulx, chiens, oiseaux & seruiteurs,
  gastét mãgét & escorchét les Seigneurs
chose raremẽt veüe, est plus chere tenũe
couroux est vain sans forte main.

C'est
- vne acerbe cruaulté,
  que peine ou peché dilaté.
- vne greue croix,
  de n'auoir pille ne croix.
- vn foüet gref & felon,
  d'estre battu de son baston.
- vne greue cheute, de Roy à rien.
- prudence & art,
  d'auoir deux cordes à son arc.
- vn cas par-trop aigre,
  que de jamais n'estre alaigre.
- trop aymé quand on en meurt.

vne

C. 27.

C'est { vne belle chose, q̃ de besogne faite.
{ vne laide beste,
    qui n'a queüe ne teste.
{ grãd peine d'estre poure & vieulx,
    mais il ne l'est pas qui veut.
chose donnée ne se doibt choisir,
    ne moins le presté retenir.
couroux de freres,
    couroux de diables d'enfers.
corps vuide ame desolée,
    & bien repeü ame consolée.
courtois de bouche, main au bonnet,
    peu couste & bon est.
château abbatu demy refait.
crinons en teste, gastent la feste.
conseil en vin, n'eut oncques bonne fin.
crainte ou amour fait bien tousiours.
chácun potier loüe ses pots,
    & d'auantage les cassez & rots.
compagnon facond par chemin,
    excuse vn char coche & roncin.
ce que se donne par equité,
    pas ne se donne par charité.
combien que la langue soit molle,
    choses dures rompt & affolle.
ce qu'est bien commencé,
    est à demy acheué.

D 3 comme

C.

Côme le Titan fait meurir les fruictages
  semblablemét le téps réd les fols sages.
C'est vn païs grandement mal-heureux,
  au-quel le diable est sur tous precieux.
Changer propos est du vray sage,
  en temps & lieu le droit vsage.
Charge volontaire,
  n'est aigre ne contraire.
Ce qui plait, marché fait.
Ce qu'on apprend en sa jeunesse,
  lon le conserue jusques en vieillesse.
Calamité est de vertu occasion.
Corde triplée, est de durée.
Ce que nature nye, rien n'y supplie.
Court & bref est tout,
  ce qu'est entre le principe & bout.
Conjecture, de proeue à couuerture.
Cheual de paille,
  cheual de bataille.

NOTA.

Cerche		trouueras
trauaille		auras
souffre		vaincras
apprends	Tu	scauras
seme		recoeilleras
fay bien		auras bien
ayme		seras aymé

C.

tousse　　　{ Tu { boyras
donne　　　　　　receüras.

DICTON. (dame,
Comme sur le corps l'ame doibt estre
　sur les couleurs le noir le meilleur,
　sur le seruiteur,
　le maistre doibt estre superieur.
C'est aux citez vn tres-grand heur,
　d'auoir vn sçauant pour preteur.

DICTON.
C'est bien diné quand on eschappe,
　en torchant son nez à la nappe,
　sans debourser maille ne denier,
　& dire à Dieu au tauernier.
C'est contre droit & la raison,
　d'affliger qui a affliction.
Cuidant valoir fol ne prise nulluy,
　mais le sage peu presume de luy.
Côme la poyre chet quád elle est meure,
　nul mal impuny guere demeure.
Celuy se peut tenir mal né,
　qui à homasse est marié.
Chàcun a son peché soient sages ou sots,
　nul ne void le sac qu'il porte sur sô dos.
Ce qui est ray ne se peut tondre,
　non plus que ce qui n'est gras fondre.

D 4　　dicton.

C.
DICTON.

cheualier qui ne fait proüesse,
　Prince qui n'aime noblesse,
conseillier vuide de sagesse,
　Presbtre qui ne sçait sa messe,
　Fille qui de courrir ne cesse,
　Enfant arrogant en jeunesse,
　Seruiteur rempli de paresse,
　Seruante blâmant maistre & maistresse
　Et juge qui verité delaisse,
　Ne sont jamais en pris ny presse.

cōpagnie d' { vn / deux / trois / quatre }　cōpagnie de { nul / Dieu / Roys / diables }

concupiscéce deçoit sagesse & prudéce.
ceulx qui portét les longs cousteaux,
　ne sont pas tous queux ne bourreaux.
champ abondant & bien fertil,
　n'est qu'il repose deuient steril.
croire ne doibs menteur ne fol homme,
　de la valeur d'vne vile pomme.
comme feras à ton parent,
　te rendra Dieu l'equiualent.
chien vne fois echaudé,
　d'eau froide est intimidé.
cheual aussy la nau,

　　　　　　　　　　　　comme

comme court autant vault.
chié affamé, de baftonade n'eft intimidé
chien du cenfier,
　　eft hardy fur fon fumier.
conin efchapé, confeil trouué.
coeur & courage font l'ouurage.
　　　COGNOY TOY-MESME.
ce qu'eft ja du tout fait,
　　ne peut demeurer imparfait.
　　Du Latin contenant: factum infectum fieri non
　　poteft.
conter, payer net & fouuent,
　　eft d'amitié vray aliment.
c'eft (dit on) à la Penthecofte,
　　que qui trop mange cher luy coufte.
cheual rogneux n'a cure qu'on l'eftrille.
chante à vn baudé: il te fera vn pet.
coeur de femme trompe le monde,
　　car en elle malice abonde.
courrir & corner, fouffler humer,
　　eft vn poure homme nud defpoüiller.
ce qu'eft à l'homme neceffaire,
　　nature n'a fait dur ne contraire.
cuit & rofti va tout en vn pertuys.
chat mioleur ne fut oncques bõ chaffeur
　　nõ plus que fage hõme grãd caqueteur
ceft toute follie de ce monde,

D.

qui l'aultre ne cerche & ne fonde.
Couroux d'amis est réforcemēt d'amitié
& d'ennemis renforcement d'inimitié.
Conuerfation en jeuneffe,
fraternité en la vieilleffe.
C'eſt vn tref-noble trefor que de ſanté,
de corps & d'ame, & argent à planté.
Ce que l'homme fobre tient au coeur,
eſt en la langue du grand buueur.

CHETIFAMINA.

Dieu {
eſt le commencement & la fin.
fonde les coeurs des hommes.
fe monſtre aux humbles gracieux.
refifte aux arrogāts & orgueilleux.
regit & gouuerne tout.
craindre cauſe bien viure.
cognoit, ſçait & voit tout.
punit les meſchants.
conferue & garrantit les ſiens.
biē-heure & felicite le fidel & preud
vit qui tout elargit & nourrit.
fur aucun ayré,
le rend de ſes ſens priué.
feruir & honnorer, eſt regner.
eſt tout puiſſant & par tout.
eſt le fouuerain bien.
hayt la main oifeufe.
}

benit

D. 30.

Dieu
- benit la main l'abourieuse.
- donne le boeuf & non les cornes.
- aide les mal vestus.
- veult le bon coeur.
- n'oublie pas les siens.
- est juste & veritable,
  & son jugement equitable.
- n'est pas accepteur de personnes.
- veut obeissance & non sacrifice.
- cognoit & sçait, qui bō pellerin est.
- est eternel misericordieux & bon.
- consente mais non tousiours.

Dur auec dur, ne feit oncques bon mur.
Deuant que bien lon cognoisse vn amy,
　manger conuiēt vn muy de sel auec lui.
De nouueau tout semble bon & beau.
Du dit au fait, y a grand trait.
De telle mesure que mesurez,
　de telle serez remesurez.
De toute chose vn peu sçauoir,
　c'est grand richesse & grand auoir.
Despend ton bien par raison nō en vain,
　car au despendre git le proffit & gain.
De chiés, d'oiseaux d'armes & d'amours
　pour vn plaisir mille dolours.
Deux pots au feu denotent feste.
　mais deux femmes grande tempeste.
Diligence, passe science.

　　　　　　　　　　deux

D.

Deux yeulx voyent plus cler qu'vn.
D'aultant plus est grande la prosperité,
  & moins nous debuós fier de sa seureté
Douce parolle fraind grand ire,
  & dur parler enflambe l'empire.
Discorde est vraye mort & ruyne,
  des choses humaines,& la racine.(ble,
D'estre trópé des amis est chose execra-
  mais des ennemis,est chose pl⁹ excusa-
Donate est mort,& restaurat dort, (ble.
Delibere ton conseil lentement,
  & procede operant festinamment.
De ce qu'auons acquis à grand labeur,
  d'ē estre priués ne sommes sans doleur
De l'anée la principale maladie,
  est ignorance & du coeur la follie.

DICTON.

Depuis que decretz eurent ailes,
  Et gendarmes porterent malles,
  Moynes allerent à cheual,
  Toutes choses allerent mal.
Dieu resiste aux orgueilleux,
  & aux humbles se monstre gracieux.
De la face le teint, descouure la crainte.
Donner à point, sagement retenir,
  fait le riche homme en estat maintenir
De sçauoir, vient auoir.

D'hom-

D.

D'homme contre sa volonté guarry,
  n'attens gré, grace ne mercy.

DICTON.

De jeune {
  conseillier, jugement morfondu.
  Medecin cemitier bossu.
  Aduocat, procez perdu.
  Marié, mesnage malotru.
  heritier, le bien tost dépendu.
  Docteur argument cornu.
  Procureur, cas mal entendu.
  Féme sur le vin nez rouge & bec-(cu.
}

Doleur en laine, pierre prochaine.
Deniers reffusés, ne se passent pas.
Dieu ayde les mal vestuz,
  & punit tous dissoluz.
Deux amis à vne bourse,
  l'vn chante & l'autre prousse.
De bonnes armes est armé,
  qui à bonne femme est marié.
Doux est pardonner à l'innocent,
  sy de sa coulpe il se repent.
De vertu le principal point,
  est de vice n'auoir grain ne point.
De femme d'aultruy, mention ne bruit.
D'eau endormye ne te fie.
D'aduersité, sourd iniquité.
D'oisiueté tout peché.

d'eau

D.

D'eau vne fois chauffée,
  prend plus toſt la gelée.
Doleur de teſte, veut manger,
Doleur de ventre veut purger.
De grand langage,
  peu de fruit & grand dommage.
D'auoir maiſe femme eſt grād cordueil,
  & d'eſtre ſans elle extreme traueil.
Diſcorde, reuolte & deſunion,
  de villes & païs perdition.
Le diable ⎰ ne dort jamais.
         ⎨ eſt poure, qui n'a poīt d'ame.
         ⎱ eſt le pere de menſonge,
D'eau benite le moins ſuffit.
Du caillou & du fuſil,
  le feu en ſort & en iſt.
De nature va le poulain l'amble,
  dont la mere fut hacquenée.   (oingd
D'vn coſté Dieu poingd, de l'autre il
De choſe triſte & aduerſaire,
  en temps de joye on ſe doibt taire.
De brebis ou mouton à courte laine,
  eſperer grād' toiſon eſt perdre ſa peine
Du poil de la beſte qui te mordit,
  ou de ſon ſang ſeras guerry.
De noz ſeules & propres fragilités,
  procedēt tous noz maulx & infirmites.
                                dicton.

D.
DICTON.

De toute femme qui se farde,
de personne double & langarde,
de fille qui se recommande,
de vallet qui commande,
de chair sallée sans moustarde, (pond,
de vache sans lait, de geline q̃ poid & ne
de petit diner qui trop tarde,
de cheual qui recule,
de vieil chien qui vrle,
de fol portant massue,
de beste cornue en estroite rue,
de vieille femme borgne & bossue,
de femme mayse & malotrue.
de presbtre sergents & coulombs,
de langards en noz maisons,
de fille oiseuse & rioteuse,
de jument vieille & boiteuse,
de jeune arrogant en jeunesse,
de seruiteur rempli de paresse,
de chambriere mal soigneuse,
de bourse vuyde & creuse,
de serf saffre & chat cendrier,
de jeune medicin & vieil barbier,
de cuisenier morueux, & poulain rog-
de vin enenté & pain fenestré. (neur,
de femellette barbue & deuine,

de femme

D.

de femme trotiere & Latine,
de vilain enrichi & fauorisé,
de maison enuinée,
& de personne de Dieu signée,
de chausse dechirée,
de fiebure ague & enracinée,
d'ennemy famylier & priué,
d'amy simulé & reconcilié,
& de cheoir en debtes toute ceste ānée.
Libera nos Domine.
de grand amour, grand dueil & douleur
de grande eloquence, petite conscience.
de necessité vertu.   (gré
de denier oublié, ou mesconté grace ne
de nouueau tout semble bon & beau.
de la panse vient la danse.
De } cuir d'aultruy l'arge couroye.
} bien mal acquis, courte joye.
de meschant grain, tresor vain.
de grasse matinée, robbe dechirée.
de noble plante, noble fruit.
de tout grain, en necessité pain.
de grosse table à l'estable.
de faulse langue meschante harangue.
de bonne maison bon brason.
de petit enfant petit dueil.
de mains vuides prieres vaines.

de mal vente, telle rente.
de pere amasseur, enfant gaspilleur.
de priué larron, garder ne se peut on.
de grosse cuisine, poureté voisine.
de oy & non, vient toute question.
de pot cassé broüet perdu & espanché.
de poureté fatigue & peine,
de verité mal grace & haine.
de foin, grain au besoing.
de peu de drap courte cappe.
de la maison du chat,
   n'ist jamais saoul le rat.
don à plusieurs conferé,
   peu de grace & moins de gré.
de longue maladie, fin de la vie.
de grands plaids, petis faits.
de paresse nulle noblesse ny proüesse.
de pere gardié filz gaste-sié ou garderié.
de mere piteuse fille teigneuse.
de grand train, sur l'estrain.
de grande science petite conscience.
de petite scintille, s'enflambe vne ville.
de calamité, malignité.
de grande prosperité petite seureté.
de bon fruit, meschant vent & bruit.
   L'Italien dit, di buon frutto cattiuo vento.
de grand langage,   peu de

E   i

D.

peu de fruit & grand dommage.
de tristesse & ennuy, nul fruit.
de langue double, maint trouble.
de paure euesque, poure euesché.
de petite riuiere,
   grand poisson n'espere.
de l'incogneu ne te fye.
de ton amy ne te deffye.
de mauuais hoste, tost t'en oste.
de l'abondance du coeur la langue parle
de grasse terre meschant chemin.
   bon aduocat mauuais voisin.
de belle femme mauuaise teste,
   bonne mulle meschante beste.
   bon vin mauuaise teste.
de grande disputation,
   de verité perdition.
de geste farouche & tetric,
   jamais faict heroic.
de saison, tout est bon.
de mire piteux, vlcere chancreux.
de gens de bien, ne vient que bien.

DICTON.

de { jeune saultier / chat mioleur / coüard / gaspilleur } jamais { bon } { escolier / chasseur / guerroyeu / amasseur }
de vilai

De ⎧vilain   ⎫   ⎧fait
   ⎪pinsemaille   ⎪ jamais ⎪aumosnier
   ⎨meschât fôdemét⎬ bõ ⎨edifice ne ba
   ⎩mauuais grain   ⎭   ⎩pain (stimét

Diligence, soing & souuenir,
 font l'homme à tres-grand bié venir.
De l'iniuste gain du pere & du bié mal ac
 viêt l'iniuste ruine & perditió du fils. (qs
Despendre trop rié gaigner n'acquerir,
 font en la fin l'homme son pain querir.
De meschant drap & mal basty,
 jamais bon saye ne bel habit.
Deux femmes font vn plaid,
 trois vn grand caquet,
 quatre vn plein marché.
De petit crin lie le geant,
 qui sans poüoir a vouloir grand.
Donner l'aumone, n'appourit personne.
Donner est honneur & roguer doleur.
D'iceluy seul est le bien,
 à qui il fait prou & bien.
De larmes de putain ne te doibs fier,
 ny du braue rusien hautain & fier.
D'vn oeuf blanc on void souuent,
 vn poullet esclorre bien noir.
De continuel ris, peu de sens & d'aduis.

DICTON.

E 2   de

D.

De soldat affamé, de moyne bigaré.
D'homme mal barbu, de fol embeu.
De traistres brigands,
   & de chien mordants.
De nouuel hoste & d'vn obstiné,
   dieu nous garde hyuer & esté.
Du bon ne refuse lettre ne gage,
   & du meschant ne fye si tu es sage.
Deux Iean & vn Pierre,
   font vn asne entier.
De Dieu vient le bien,
   & des aueilles le miel.
D'argent comme aussy de bonté,
   deffalquer en fault la moytié.
De poulain roigneux ou farcineux,
   vient beau cheual & precieux.
D'homme reglé, ne te verras vengé.
De l'enuyeux, comme du teigneux.
Dame qui moult se mire peu file.
Dieu donne santé & guarrison,
   le mire prend l'argent & guerdon.
Dormir en haut, vn tresor vault.
D'vne bonne femme & mesnagere,
   le mary aille premier en terre.
    Par ce qu'elle sçaüra bien regir sa progenye.
De la main à la bouche,
   se perd souuent la souppe.

depuis

D.

Depuis la pasque de resurection,
   figues, raisins, ne predication.
De trop pres se chauffe qui se brusle.
Du matin à la montaignette,
   & du soir à la fontainette.
Du matin les monts, du soir les fonds.
D'homme qui s'eniure, tost t'en deliure.
De Pere saintelot enfant diablot.
Drap large seruant estroit & chiche,
   fait le marchand content & riche.
Dame bien dressée, mulle encheuetrée.
Despendz le pendart il te pendra,
   oing le villain il te poindra.
De chair sallée, de fruit ne de fromage,
   nul ne s'en fye tant soit prudét & sage.
D'oeil de femme morte,
   dure jusques à la porte.
D'vn veau on espere vn boeuf,
   & d'vne poulle vn oeuf.
Du petit vient on au grand.
D'adulateur est oignement,
   loüer celuy qui est present.
De qui je me fie, dieu me garde,
   & de qui ne me fie, je prendray garde.
D'vn mauuais debteur & payeur,
   prends paille & foin pour ton labeur.
Deuant toute oeure & en tout lieu,

E 3   donne

D.
donne louenge à vn seul Dieu.
De main vuyde prieres vuydes.
Deux loups mengent bien vne brebis,
  & deux cordeliers vne perdris.
Deux chiens à vn os.
Deux poures à vn huys.
DICT COMMVN.
Des quattre piedz saisy le mouton,
  des oiseaux perdris ou chappon,
  & des poissons prends l'esturgeon.

De veau comme de vache,
  vont les peaus à la place.
Du dit au fait y-a grand trait.
D'heure à heure, Dieu mande l'heur,
  d'heure à autre le mal & mal-heur.
Deformité, est indice de virginité.
Denier par amitié presté,
  sans denier soit appresté.
D'vn costé Dieu poind,
  & d'aultre part il oingd.
De tousiours viure ne te fye,
  car court & breue est nostre vye.
Deffault d'argent, cause grand torment.
Dy moy ta conuersation,
  je te diray ta vaccation.
D'argent d'autruy nul n'enrichit.
Dessoubs le fréne, venin ne regne.

D.
DICT D'AVICENE.

Dine honestement & soupe sobrement,
 dors en hault & viuras longuement.
Diuersité d'opinion,
 cause de procez l'occasion.
D'ame mocquer ne se faut nullement,
 car mocquez sont mocqueurs finalemēt
De grāde maladie viēt on biē à grāde san-
Deux petits & vn grand, (té.
 font l'homme riche & grand.
Dire ne doibs ton secret,
 derriere paroy ne forest.
Desrobbe, prend, possede amasse,
 tout fault laisser quand on trespasse.
De mal fieure se sent saisy,
 qui n'a denier parent n'amy.
De grand trauail souuent par euidence,
 vient vne grande & riche recompēse.
Dieu dōne le boeuf, mais nō les cornes.
Deuant l'essay tout cas semble de fait,
 trop plº facheux qu'a lheure qu'ō le fait
Dix ās de guerre & vne heure de bataille
De bonne estude, telle habitude.
D'ou honte est vne-fois issue,
 tard on en void sa reuenue.
Diligence en chose moult affectée,
 d'vne tardance semble coulourée.

E 4   dicton.

D.
DICTON.

de
{
medecin qui ne sçait bien l'art,
amy fardé, flateur & papelart,
seruiteur qui refuse le lard, (lard.
maistre fait tout en háte d'vn souil-
folle femme inconstante & friande,
saupiquet de poltrons en viande,
fin galland qui refusant demande,
arrest de court ou ilgit grosse améde
fol prescheur qui tât se recómande,
faux notaire ayant main à cómáde.
auocat jeune & Procureur viellard,
}
nous garde dieu & de voisin paillard.

Des souppes & des amours,
  les premieres sont les meilleurs.
Desplaire à gens d'incorecte vie,
  est vraye indice de preudhomie.
Deffendre vn crime bien aueré,
  est commettre vn nouueau peché.
D'art qui ne soutente ta vie,
  fay t'en quict & tost expedie.
D'vn petit homme, souuét grád ombre.
De cent ans à cét ans de ciuiere baniere,
  & de baniere ciuiere.
Deux mendiants à vn huys,
  l'vn a le blanc, & l'aultre le bis.
De la salade & de paillarde,

                                fy tu

D.

ſy tu es ſage donne t'en garde.
Du noeuf ramon,
　la femme nettoye ſa maiſon,
　& du vieil bat ſon baron.
Diſcorde, reuolte, deſunion,
　temps opportun à trahiſon.
D'oiſiueté nul honneur ne dignité.
Dernier couché premier debout,
　doibt eſtre chaſque bõ maiſtre par tout
Du gain l'odeur a bonne ſaueur.
Donner à couroux liberté,
　eſt vraye & propre brutalité.
Diligence & feſtination,
　à qui a haſte ſemble dilation.
D'iniuſte gain, juſte daim.
Deſauenture cauſe ſouuét heur & auen-
D'vne main lauer l'aultre doibs, (ture.
　comme du poulce les aultres doigdts.
Du riche proſpere & opulent,
　chaſcun eſt couſin & parent.
Doctrine eſt vne poſſeſsion,
　ſur quelle force n'a dominion.
Doleur n'a crainte ne peur.
Des bons on apprend la bonté,
　& des meſchants la meſchanté.
De gage qui mange, nul ne s'en enge.
Du bon, lon n'apprend que tout bien,

E 5　　　& du

E.

& du meschant tout n'en vaut rien.
De peu de chose, peu de prose.
Doulce parolle n'escorche langue.
De ce que l'auare amasse & espargne,
 le large s'en esiouit egaye & baigne.
De deux maulx conuient euiter le pir,
 & le moindre plus ineuitable eslir.
Dessus son fumier, chacun chien est fier.
De chose triste & aduersaire,
 en temps de joye on se doibt taire.
Dieu me garde de quatre maisons,
 de la tauerne, du lombard,
 de l'hospital & de la prison.
De petite chose, viẽt souuent grãd noise.
Du petit on vient au grand.
Don differé & trop attendu,
 n'est pas donné mais cher vendu.
Deniers auancent les bediers,
 & des premiers font les derniers.
Donner tenir & garder,
 sens & engin ont mestier.
De sens, d'argent & de foy,
 nul n'en a pas trop pour soy.

E.

EN ce monde chetif & mesquin,
 quãd il ya du pain, il y manq̃ le vin.
En chose turpe, enorme & laide,
 en vain

E. 38.
en vain requiert on de Dieu l'ayde.
En fin final est bon caudal,
  seruir à Dieu & ne faire mal.
Exibe honneur à ton parent,
  en te monstrant beniuolent.
En nulle contrée, ne doibt pas estre,
  le disciple par dessus le maistre.
En tresor, git le coeur tresord.
En grand torrent, grand poison se préd.
Es hommes les parolles & plaids,
  en seul Dieu sont les vrays faits.
En fromage, lit, argent, jambon,
  cognoitra l'homme son compaignó.
En moissonant se passe l'aougst.
En grand fleuue tel poisson,
  & le bon nageur au fond.
En vne estroite couche,
  le sage au milieu se couche.
En maison sans bois ny leigne,
  qui n'en apporte pas ne cene.
Enten premier, parler dernier.
En hyuer eau ou bruyne,
  vent, neige ou gresle pour voisine.
En argent soit le capital,
  de celuy qui procure ton mal.
Entre l'enclume & le marteau,
  qui doigdt y foure est tenu veau.
En esté pour la grand chaleur,
                        & en

E.

& en hyuer pour la froideur,
est en pris le vin & vigueur.
En fleuue òu manque le poisson,
jecter filetz est sans raison.
En meschant & laid tropeau,
n'y a qu'élire pour le plus beau.

DICTON.

En vn procés plaid, & clair cas,
n'est mestier clerc ny aduocats.
Et en matere tres fort obscure,
juge procureur ny procure.
Enfant de pute main,
vault mieulx malade que sain.
Entrailles, coeurs & boursettes,
aux amis doibuent estre ouuertes.
Encre & papier couste denier.
En tout temps & toute heure,
la mort est preste & meure.
En may blé & vin naist.
En vain plante & feme,
qui ne clost & ne ferme.
En vaisseau ord & mal laué,
vin corrumpu & tost gasté.
En beaucoup de nouuelles,
y-a des bourdes belles.
En may juin & Iuillet,
la bouche baignée & fresche.

enuye

E.

Enuye est tousiours en vie.
En mal faisant pensez y bien,
 le temps s'en va & la mort vient.
En joüant le temps se passe,
 sage est qui bien le compasse.
Entre bride & esperon gist la raison.
Entre la bouche & la cuillier,
 vient bien souuét grand destourbier.
En poureté, suspecte est loyaulté.
En la maison de ton ennemy,
 tiens vne femme pour ton amy.
En trop fier git le dangier,
 en hyuer fournier & en esté tauernier,
 c'est l'estat d'vn gautier.
En cas hastif n'y a aduis.
Entre deux selles, les fesses à terre.
En ce monde fortune & infortune abõ-
En maison noeue,   (de.
 qui n'y porte rien ny trouue.
En peu d'heure, Dieu labeure.
Enfans & sots sont deuins.
En beau semblant git faulseté.
Experience, est grand' science.
En chose inique, infame & laide,
 en vain s'implore du Seigneur l'aide.
Exercice, est de science conseruatrice.
En la goutte, le medecin ne void goutte.
en ta

E.
En ta santé pas ne te fye,
　la mort à coup rauit la vie.
Entre chair & ongle,
　picquer ne dois cousin ny oncle.
Entre paix & treue, qui chasse ne leue.
En tout temps & saison de l'anée,
　feu, argët & santé, sont en grād estimée
En eau, quoye tu ne doibs,
　mettre pied main ne doigdts.
Enfans, poulles & les coulonbs,
　embrenent & soüillent les maisons.
DICTON.
Espaule d'asne, groin de porc,
　oreille de singe ou de marchant,
　doit auoir vn bon seruant.

Enuye ne morut onques,
　mais les enuyeux morront.
En esperant d'auoir mieulx,
　en viuant deuenons vieulx.
En defaut d'homme sage,
　monte le fol en chaire & cage.
En conseil oy le vieil.
En tous tes oeures & chascun lieu,
　inuocque l'aide du souuerain Dieu.
En maison de qui te veult mal,
　vienne vn procez & vrinal.
En planche, torrent & en riuiere,
　　　　　　　　　　　　vallet

E. 40.
vallet deuant maiſtre derriere.
Enfant par trop careſſé,
　mal appris & pis reglé.
Eau trouble, gaing du peſcheur.
En la maiſon robin de la vallée,
　ny-a pot au feu n'eſcuelle lauée.
Entre promeſſe & l'effect y-a grand trait.
En temps lieu & ſaiſon,
　le donner eſt moiſſon.
En petite maiſon, Dieu a part & portion.
Eſpoir en Dieu conuient auoir,
　car elle vault mieux qu'or n'y auoir.
En vne heure vient & va l'honneur.
En gardāt le ſié, lō fait guerre, à aultruy.
Enuye, en tout art eſt en vie.
Eau quoye jour & nuit,
　noye, ſubmerge & nuit.
En temps deu, & lieu couuenable,
　perdre & donner eſt proffitable.
En forgeant on deuient febure,
En apprenant lon deuient maiſtre.
En cheminant lon ſe laſſe.
En joüant on perd argent & temps.
En mangeant lon perdt appetit.
En demandant on va à Rome.
En faiſant, les maiſtres faillent à la fois.
En viuant lon deuient vieulx.
　　　　　　　　　En faiſant

E.

En faisant on apprend.
En souhaitant nul n'enrichit.
En chomant lon apprend à mal faire.
En hyuer au feu,
   & en esté au bois & au jeu.
Entre faire & dire,
   y a moult à dire.
Enuye suit felicité & guye.
En feu de faccon, ne braise ne charbon.
Entre promettre & tenir,
   se fouruoye le maintenir.   (lieure,
En petit buisson, trouue on vn bié grand
Et en petite eau souuent vn grãd bieure
En hyuer au lict ou aupres du feu,
   & en esté au soleil & au jeu.
En tauerne pas ne t'hynuerne,
   car c'est vne dangereuse cauerne.
En vengeant & jugeant precipitammét,
   lon cognoit le fol coustumierement.
En peché ne se faut excuser,   (ser.
   car mal attaindre ne tend qu'a mal vi-
Lon peut bien de tout vser & abuser,
   comme d'vn vét esteindre & allumer.
Exercice peut bien de tout,
   ce qu'il vouldra venir à bout.
Entre promettre & donner,
   doibt on sa fille marier.

                      Eu la

E.

En la queüe & en la fin,
  gist de coustume le venin.
ALVA. N.
En la rate git la joye,
  la luxure au foye.
  Au fiel le couroux,
  au poulmon la toux.
  La peur gist au coeur,
  au visaige la couleur.
En la langue la harangue,
  la follie git en la teste,
  & les grillons gastent la feste.

Enfant qui ne croid pere & mere,
  ne peult qu'en fin ne le compere.
Enseigner conuient aux enfans,
  ce qu'est de faire quand seront gråds.
Egal est le mal qui ne nuit,
  au bien qui ne donne nul profit.
En peril & necessité,
  prudence est eslire seureté. (côtraire,
Enfraindre sa promesse est chose à raison
  mais tromper l'ennemy est bié alaigre.
En l'air pur & clair,
  se forme le son clair.
Enuye soy-mesme se desuye.
Eclipse de pecune, à poures est cômune.
Embrassadeur ne porte peine ne doleur

E.

Entre bride & l'esperon,
   de toute chose git la raison.
Ennuy nuit, jour & nuit.
En peu d'heure Dieu labeure.
En la fin, cognoit on le bon & le fin.
En eau endormie, nul ne s'y fye.
En chàcune maison, sa croix & passion.
En la queüe git le venin.
En toute saison, duit raison.
En cas hastif, nul aduis.
En son païs, nul prophete en pris.
En poure maison, braise ne tison.
En grands plaids, petis faits.
En grand beauté, rarement loyaulté.
En Apuril nuée, en May rousée.
En conuent soufle tout vent.
En Aougst poulles, sont sourdes.
En la bouche du discret, le public est se- (cret.
En la fin se chante le gloria.
En vne belle gaine d'or,
   cousteau de plomb git & dort.
En vaisseau mal laué,
   bon vin mal gardé.
Ennuy ne porte point de fruit.
Emendement & repentance,
   est grand signe de penitence.
Ennemy succombé & pery,

guerre

E.

guerre peremtoire & debat assoupy.
En tout ce qu'auons de faire,
  le fait plus que dire est necessaire.
En autant se doibt tenir,
  non entendre comme non oüir.
Exercice, à lame & corps est benefice.
Enuye aux grands fait la guerre,
  & sy elle peut les atterré.
En donnant ay esgard & cure,
  de tenir regle & bonne mesure.
En l'absence du Seigneur,
  se cognoit le seruiteur.
En chasque païs, vertu est en pris.
Espoir de gain, diminüe la peine.
Entre le commun & vulgaire,
  le conseil est temeraire.
Experience, est mere de science.
En coeur subject à vice & à peché,
  n'entrera sagesse vertu ny bonté.
En vn corps grand bien rarement,
  sagesse prend son ebergement.
Espoir de proffit, labeur diminuit.
En bien faisant, lon guerroye le meschāt
En ta vye, ne te fye.
Extreme diligence,
  est suspecte en apparence.
Espere en Dieu, en chasque lieu.

     F 2 Employe

F.

Employe ton bien quand il est tien,
  après ta mort tu ny as rien.
En petit lit & grand chemin,
  se cognoit l'amy & l'assin.
En petit bois grand lieure.
Entre gens mariez,
  presbtres & soldats ne sont aymez.
Enfans tard naiz & arriuez,
  sont les plus tost d'amis priuez.
Enten premier, parle le dernier.
Enfant de bonne nature,
  de Dieu a sa nouriture.
En mal encombrier,
  pacience vaut vn bouclier.
En la balance l'or & le fer sont vn.

F.

Fvmée pluye & femme sans raison,
  chassent l'homme de sa maison.
  Pay bien à chascun de telle sorte,
  que ta bonté dommage ne t'apporte.
Fumée creue les yeulx,
  à jeunes & à vieulx.
Feu, febues, argent & bois,
  sont bons en tous mois.
Fromage & pain est medicine au sain.
Faueurs, dames & deniers,
  font de vachiers cheualiers.

F.

Fol ne croid, tant qu'il reçoit.
Fay ce que voudras,
　auoir fait quand tu mourras.
Fromage, poyre & pain,
　est repas de villain.
Figues de chat & marc d'argent,
　feront tout vn au jugement.
Fay bien sans cesse & sans demeure,
　en peu de temps se passe l'heure.
Fay de la nuit nuict, & du jour jour,
　& viuras sans ennuy & dolour.
Fiebure continue & syncopal,
　qui en est saisi n'est pas sans mal.
Force n'est pas droit.
Force diminuit la crainte.

Faulte {
　d'argent c'est doleur nompareille,
　　qui poures rustres reueille,
　　& traueille.
　d'argent est par dit & par fait,
　　vray ennemy familier & parfait.
　d'argent n'emplit pas la bouteille,
　　ains réd l'homme tréblāt cóme la
　*de justice, absence de Roy, (foeille.
　　presage meschef & grand desroy.
　de bien fait dormir sur le sien.
　de pain n'assouuit pas la faim.
　dexperience & d'vsage,
}

F 5　　　　cause

F.

Faulte {
- dàge cause le jeune n'estre sage.
- d'adresse la bourse blesse.
- de credit & d'argent,
  rend l'hôme triste morne & dolét.
- de credit & d'accroire,
  engarde l'homme d'aller boire.

DICTON.

Faulte d'equité manquement de justice,
mespris de vertu faueur à vice,
pure tyranie insatiable auarice,
causent des cités ruyne & preiudice.

Fol est qui {
- se fye en eau endormye.
- s'oublye.
- se met à discretion de bastonades.
- se fait brebis entre les loups.
- se marrie à femme estourdie.
- cerche ce que ne se peut trouuer.
- est à table & n'ose manger.
- fait de son poing vn coing.
- perd la chair pour les os.
- est bien, & se bouge.
- est à cheual esperoné & dit haye.
- cerche son propre dommage.
- pour le bond perd la volée.
- pour le futur donne le present.
- follastre & follye.
- se couure d'vn sac moüillé.

F. 44.

fol est q̃ se coupe de son propre cousteau
fol est q̃ s'eniure de sa propre bouteille.

Fol est {
& hors du sens,
  qui femme préd pour son argent.
le marchand qui déprise sa denrée.
le presbtre qui blame ses reliques.
qui n'estime son ennemy,
  tant soit mesquin ou petit.
tenu par tout l'empyre,
  qui a le chois & prend le pire.
}

Femme {
bonne, vaut vne courone.
sage & de façon,
  de peu remplit sa maison.
qui enuy file, porte chemise, vile.
sotte, se cognoit à la toque.
qui perd honneur & honte,
  ne sera jamais d'estime ny de côte
sans soing & sans soulcy,
  ne vault pas sols six.
à son tour doibt parler,
  quand la poulle va vriner.
feu, masle, vent & mer,
  sont cinq maulx de grand amer.
gracieuse veut estre pryée,
  & la porrée bien reposée.
& vin, ont leur venin.
& melon, à peine les cognoit on.
}

        F 4   safre

F.

Femme
- safre & yuroigneresse,
  de son corps n'est pas maistresse.
- qui a mauuais mary,
  a bien souuent le coeur marry.
- veut en toute saison,
  estre dame en sa maison.
- lict, argent & le vin,
  ont leur poison & venin.
- trop piteuse, rend sa fille teigneuse.
- prudente & sage,
  est l'ornement du mesnage.
- de bien vaut vn grand bien.
- sans rime ne raison,
  chasse l'homme de sa maison.
- rit quand elle peut,
  & pleure quand elle veult.
- bonne vaut vn empire,
  qui la mauuaise garde qu'elle n'é- (pire.

Fy de
- paillard qui n'a monoye,
  & d'auoir qui n'a joye.
- manteau quand il fait beau.
- richesse, d'estat, d'argent & d'or,
  qui de vertu n'ayme le tresor.
- l'art qui en raison n'a fondemét ne (part.
- jeunesse & de beauté,
  ou il n'y a humilité.
- la pute medicine,

qui

qui l'homme à la mort enchemine.
Fy de foy, de lettres, de plege & de plaid
  gage, reconfort, argét accorde & plait.

DICTON.
Folles amours font les gens beſtes,
  Salomon en idolatra,
  Sampſon perdit ſes lunettes,
  bien-heureux eſt qui rien n'y a.

DICT COMMVN.
Femme qui ſes leures mord,
  & par la rue ſon aller tord,
  elle monſtre qu'elle eſt du meſtier ord
  ou ſes manieres luy font tort.

Fama malum, fumus peior, mulier peſsi-
Fuy de nouuelles l'inquiſiteur, (muni.
  comme vn raillard & grand cauſeur.

Fille {
  oyſiue à mal penſiue,
    trop en rue toſt perdue.
  feneſtriere & trotiere,
    rarement bonne ménagere.
  aymant ſilence, a grand ſcience,
    qui trop ſe mire peu file.
  trop veüe ne robbe trop veſtue,
    rarement chere tenüe.
  brunette, de nature gaye & nette.
}

F 5   fille

F.

Fille
- qui prend elle se vend,
- qui donne elle s'abandonne,
- pour son honneur garder,
  - ne doibt prendre ne donner.
- honneste & bien moriginée,
  - est assez riche & bien dotée.
- telle comme est eleuée,
  - & estoupe comme elle est filée,
- oiseuse rarement vertueuse.
- peut touloir la richesse,
  - non la vertu ne la sagesse.

Fortune
- varie comme la lune,
  - auiourd'huy serene demain brune.
- la feconde est facile à trouuer,
  - & difficile à retenir & garder.
- blandissant & riant,
  - deçoit l'homme & rend ignorant.
- aueugle, les siens aueûgle.
- faict d'vn petit vn grand,
  - & à coup le deuest' en blanc.
- or clere or brune,
  - ne vient sans aultre aucune.
- soudainement l'homme monte,
  - & puis à coup le réuerse & demôte.

DICTON.

Femme de riche vestement parée,
  à vn fumier est comparée,

qui de

F.

qui de verd fait sa couuerture,
  au defcouurir appert l'ordure.
La fin d'vn ennuy & traueil,
  eſt d'aultre le principe & la veille.
Forte main, n'attend le l'endemain.
Feſte n'eſt que de vieulx chappons,
  comme dient tous bons fripons.
Faim fait diner, paſſe-temps ſouper.
Faire & taire par mer & par terre.
Fol eſt le pacient & bien groſsier,
  qui de ſon hoyrie fait mire heritier.
Feu, argent, ſageſſe & ſanté,
  ſont en pris hyuer & eſté.
Femme goriere, va par derriere.
Flateur & enſemble vray amy,
  eſt incompatible par tout pays.
Faire du fol à la fois eſt ſens,
  pour euiter des maulx cinq cens.
Faueur à maints a porté preiudice,
  là ou elle eſt ne regne point juſtice.
Faulſeté eſt prochaine à la verité,
  comme aduerſité à proſperité.

ADMONITION.

Fuy ingratitude & ſimulation.
Fuy pareſſe auarice & orgueil.   tions.
Fuy querelles noiſes procez & alterca-
Fuy melancolie, triſteſſe & follie.
                                Fuy hay-

F.

Fuy hayne couroux & mensonge.
Fuy le vin & le sexe feminin.
Filles verrieres & verres,
    sont tousiours en grands dangers.
Fay bien à ton prochain auant ta mort,
    car rien ne te vauldra quād seras mort.
Feu sans creux, gasteau sans mioche,
    & bourse sans argent,
    ne vaillent pas gramment.
Femme se plaind, femme se deult,
    femme est malade quand elle veult.
Faisant son office la balance,
    d'or ny de plomb n'a cognoissance.
Femmes sont à l'eglises sainctes,
    és rues anges, en la maison diablesses,
    crapaux aux fenestres,
    pyes à la porte,
    aux jardins cheures.
Fay ce que tu doibs, aduiéne ce q̄ pourra
Fol semble sage, quand il se tait.   (les,
Forgeurs forgent & traitēt choses fabri-
    & les bourdeurs vaines & inutiles.
Fol ne croid s'il ne reçoit.
Fange seiche, envy s'attache.

DICTON.

Faulx marchand en vne foire,
faulx juge en consistoire,

presbtre

F.

presbtre auare en l'eglife,
vne putain fort exquife,
font chofes plus dangereufes,
que toutes beftes venimeufes.

Formage de taupe & pain d'Argus,
   chaffent ennuys & tous arguts.
   La fin fait tout.
Fay & faffe bonne farine,
   fans foner trompe ne bucine.
   C'eft à dire ta finiftre ne fache,
  ce que fait ta dextre.
Filles fottes à marier,
   font penibles à bien garder.
Fay ton huys au Siluain,
   fy tu veux viure fain.
   C'eft à dire à l'afpect d'orient.
Fromage & melon,
   au poids les prend on.
Folle & s'imple eft la brebis,
   qui au loup fe confeffe.
Fier engendre foing & fiebure.
Feu bien couuert (comme dit ma bru,)
   par fa cendre eft entretenu.

     DICTON COMMVN.

Fille à fe parer,
   jeune à joüer & banqueter,
               & vieillard

G.
& vieillard à boire,
 despendent leur auoir.
G.
Gard' toy de penser dire ne faire,
 chose à Dieu & à toy contraire.
 Grād follie est de craindre aucune·
ce qu'euiter on ne peut nullemét. (mét,
Grand besoing a de fol,
 qui fol se fait.
Goutte à goutte la mer s'esgoutte.
Grande amour cause grand dolour.
Grand bandon grand larron.
Grande est l'eloquence qui aggrée,
 à celuy qui oit à regret.
Goutte enostée, à peine curée.
Grec gar le bec.
 Le Latin dit: *cretenses semper mendaces.*
Vel, Gar le bec que ne restes au sec.
Gar le bec fuy grosse table,
 comme de larron coustable.
Guerre bonne ne peut estre la guerre,
 qui plusieurs terrasse & atterre.
Grain siegleux, pain fructueux.
Gaing du cordoüanier,
 entre par l'huys & ist par le fumier.
Grands personages ont par vsage,
 faulte d'enfants ou ne sōt guere sages.
guerre

G.

Guerre est la feste des morts.
Goutte à goutte, on emplit la cuue.
Grand disputation, de verité perdition.
Gar toy tres-bien d'auoir à faire,
  au cauteleux & angulaire.
  C'est à dire à celuy qui cerche,
  quelque coin en plain chemin.
Gens marris marris & mal contents,
  viuent tousiours en grands torments.
Gouuerne toy bien en jeunesse,
  sy Roy veulx estre en ta vieillesse.
Grand nau, veult grand'eau,
  & gros moyne gras veau.
Grasse cuisine maigre testament.
Gloire, jugement & vengeance,
  reserue Dieu en sa puissance.
Grand vanteur, petit faiseur.
Gens saouls ne sont pas grands mãgeurs
Gloire vaine fleurit,
  & ne porte grain ne proffit. (d'amitié.
Grande familiarité, engēdre cōténemēt
Garde toy du crud, & d'aller à pied nud.
Grand peché, ne peut demeurer caché.

Gens de bien { ayment la lumiere.
                sont tousiours gracieux.
                font tousiours bien.
                ont tousiours bien.

                                    Grand

H.
Grand bandon fait le grand larron.
Grand rumeur petite toy-son,
　　dit celuy qui tond le cochon.
Grand honneur & dignité,
　　engendrent magnanimité.
Grace d'entregent plus que vertu,
　　rend l'homme heureux & bien venu.
Garde toy, de l'eaüe coye.
Grand prometteur, petit donneur.
Garde auec extreme diligence,
　　ce dont ne sçais la decadence.
Grande fecondité,
　　ne paruient à maturité.
Grãde est l'eloquéce qui aggrée & plait,
　　à qui oit envy & à regret.
Grand nombre d'enfans & planté,
　　d'iminue liberalité.
Grands oiseaux de coustume,
　　sont priués de leur plume.
Grand science est follie,
　　sy bon sens ne la guye.

H.
Hvmilité est de tous biens la royne,
　　& orgueil de tous vices la vraye
　　Honeurs changét moeurs. (racine.
Homme solitaire & seulet,
　　ange ou brut est.

homme

H.

Homme {
mort ne fait pas la guerre.
endebté, chaſcun an fordroyé.
poileux riche ou luxurieux.
matineux, ſain & ſolliciteux.
chiche, n'eſt jamais riche.
aſſailli demy vaincu & deſconfit.
ruſé tard abuſé.
yure & peruers, va de trauers.
jeune, envy june.
fin, ſe leue matin.
endormy, corps enſeueli.
de paille vault vne femme d'or.
ſans vertu, arbre de fruict nud.
plaideur, homme menteur.
angulaire, eſt à verité contraire.

Homme {
roux & chien lainu ou pelu,
　plus toſt mort que cogneu.
plaideur & de vray dire meſcreu,
　quand il dit vray à biē grād peine eſt creu
peruers aus bōs eſt cōtraire
　& aux innocents donne d'affaire.
à deux viſages,
　n'agrée en villes ne villages.
vieil & poure qui a mal veſcu,
　de jeune féme ſera foüeté & battu
hutineux & cheual courreur,

G　　　flaccon

H.

flaccon de vin ont toſt leur fin.
Homme craintif de foible courage,
bien le demonſtre par ſon viſage,
vel: porte ſon coeur en ſon viſage.
DICTON.
Homme roux & femme barbue,
de quatre lieux les ſalüe,
auec trois pierres au poing,
pour t'en ayder s'il vient à point.
Humilité à tout homme bien ſied,(ſied.
qui plus bas ſe tient plus haut on l'aſ-
Huy en figure, demain en ſepulture.
Hardiment parle qui a la teſte ſaine.
Hardy le gaigne, hardi le perd & deſpéd
Herault ne meſſagier,
ne doibuent eſtre en dangier.
Herbe cogneüe, ſoit bien venüe.
Heureux eſt celuy,
qui rien ne doibt à aultruy.
Honte n'eſt vtile ne decente,
à ame poure & indigente.
Homicide, menſonge, & larrecin,
s'auerent indubitamment en la fin.
Honneur, change mœur.
Haſtiueté engendre repentance.
DICTON.
Horloge entretenir,

jeun

I.

jeune damme à gré seruir,
 vieille maison reparer,
 c'est tousiours à recommencer.
Humer & souffler,
 courir & ensemble corner,
 n'est pas chose à tollerer.
Hardy de la langue, coüard à la lance.
Habit de beat, a souuent ongles de chat.
Hayne du populaire, suplice gref & aigre
Honte à mal faire est bien loüable,
 & à bien faire vituperable.
Hónore les gràds, ne mesprise les petis.
Hier vachier, huy cheualier.
Hareng donne à l'homme grãd tormét.
Hardiment hurte à la porte,
 qui bonne nouuelle y apporte.
Hardiment parle qui a la teste saine.
Happe qui peut: non qui veut.
Hoste qui de soy-mesme est conuié,
 est bien tost saoul & contenté.
Honnore les bons, chastic villains,
 tien quoys tes doigdts aussi tes mains.

I.

IL est commun à tous d'errer,
 & diabolic perseuerer.
Il est bien heureux qui ne se mesle,
 que de son affaire & querelle.
Il ne se tort pas,

qui va le plain chemin.
Il ne sçait rien qui ne va par ville.
Il n'est pas tousiours saison,
   de tondre brebis & mouton.
Il s'a beau taire de l'escot,
   celuy qui est franc.
Il ne perd point son aumosne,
   qui à son porceau la dône.
Il n'est point de pire sourd,
   que cil qui faind le lourd.
Ie suis vostre (dit l'auare) ancien,
   aimant le vostre comme le mien.
Ioüer gager, prester, argent,
   font d'amitié escartement.
Il n'y a femme, beste, cheual ne vache,
   qui n'ait tousiours quelque tache.
I'ayme mieulx vn raisin pour moy,
   que deux figues pour toy.
Il procede d'vn coeur vil & tresord,
   de prendre femme pour son tresor.
Ioye du courrage,
   donne beau teint au visage.
Il est tousiours feste apres besoigne faite
Ieunesse oiseuse, viellesse diseteuse.
Il n'y a chose qui plus décontente,
   que de viure entre mal gent.
Il est bien heureux qui ne prend esgard,
              à mauuais

I. 51.

Il est mal d'esteindre, à mauuaise langue poignant cóme vn (dard.
le vieil paillis épreint. (fait.
Il est tousiours feste, pour celuy qui bien
Iustice sur toutes vertus a le pris.

Il est plus facile { menacer, conseiller, prendre, demolir, acheter, promettre, parler, lascher, descendre, despendre, dire, souhaiter, vouloir, penser, presumer, mediciner, tomber, ferir, descédre. } que { tuer, faire, rendre, bastir, payer, donner, taire, retenir, monter, gaigner, faire, enrichir, voler, d'estre, sauoir, curer, se releuer, guarrir, ascendre }

G 3   Il fault

I.

il fault congnoistre auant aimer.
il fault battre le fer tādis qu'il est chaud
il fault apprendre puis le rendre.
il fault mourir qui veult viure.
il fault apprendre qui veut sauoir.
il fault endurer qui veut vaicre & durer.
il fault semer qui veut moissonner. (lir.
il fault a la fois reculer pour mieulx sail.
il fault donner vn oeuf, pour gaigner vn
il fault se mesurer, q̃ veut durer (boeuf.
il fault tendre voile selon le vent.
il fault commencer auant acheuer.
il fault payer qui veut acheter.
il fault trauailler qui veult manger.
il fault vrler auec les loups,
il fault vne fois mourir.
il fault sauoir auant penser.
il fault suffrir pour vn mieulx.
il fault trauailler en jeunesse,
   pour reposer en vieillesse.
iniquité engendre aduersité.
il n'y a homme de mere nay,
   qui sache ce que luy pend au nez.
joyeuse vie pere & mere oublie.
juges sont affolés & escriuains,
   s'ils n'ont souuent les pieds és mains.
   C'est à dire les pieds de perdris,
                      chappons

I.

chappons lieupures &c. pecora cāpi. (ſtiers,
Il n'y a en ville ne village arts ne me-
 ou n'y-ait pl⁹ de meſchāts q̃ de bós ou
Il n'y a ſy grand ne ſi ſage, (uriers.
 qui du petit n'ait bien dommage.
Il n'eſt choſe tant ſoit elle vile,
 qui ne duiſe & ne ſoit vtile.
Iuſtice ploye, l'egliſe noye,
 le commun déuoye.
 Sathan quiert ſa proye.
Il n'a pas fait qui commence.
Il n'eſt bien ne joye ſy hautaine,
 qu'ō priſe n'eſt qu'ō l'acquiert à peine.
Il n'a pas pleu ce qu'il plouuerà.
Ingratitude tarrit les fonds,
 & le temps rompt les ponts.
Yuroignerie eſt vne zizanie,
 & de ſobrieté vraye ennemie.
Ieune quinzain,
 a le goſier, & nulle main.
Ioye au coeur fait beau teint.
Il ne fait rien, qui n'acheue bien. (blie,
Il eſt noble q̃ nobleſſe ne bleſſe & n'ou-
 & villain q̃ cōmet ignobleſſe & villanie.
Il eſt bien digne de geſir ſur la paille,
 qui le ſien à paillarde & putain baille.
Iournellement & le plus ſouuent,

G 4 en

I.
en ma bourse n'y a point d'argent.
Ia n'aura bon marché qui ne l'ose demā-
Il fait mauuais se mettre,   (der.
　à la discretion des bastonades.
Il y-a de sages sots & sotz sages,
　par toutes villes bourgades & villages
Il ne peut issir du sac, que ce qu'il y-a.
Ieune barbier vieil medecin,
　s'ils sont aultres ne vaillēt pas vn brin.
Il n'est sy petite chapelle,
　qui n'ait sa dedicasse & feste.
　　　⎧plus d'ouuriers que de maistres.
Il est ⎨tousiours saison de bien faire.
　　　⎩facil d'auoir le nom & l'effect nō.
Ie ne boy mange & ne june,
　quand mon potage je hume.
　　　Dicton du Paysan.
Ianuier le fier froid & frileux,
　Feburier le court & fiebureux,
　Mars poudreux, Apuril pluuieux,
　May joly gay & venteux,
　denotent l'an fertil & plantureux.
Yuroignerie engendre forcenerie.
Iuids en Pasques Mores en nopces,
　crestiens en playdoyer despēdent leur
Ieune en sa croissance,   (denier.
　a vn loup en la pance.
　　　　　　　　　　　　jamais

I.

Jamais
{
homme ne fut à priser,
  pour sçauoir aultruy despriser.
l'homme ne peut estre riche,
  sy son coeur en richesse fiche.
grain ne fructifie,
  sy premier ne se mortifie.
ne vient vne malheureté,
  sans adjournemét d'aultre aduer-
couuard n'erigerà trophée,   (sité.
  ne paresseux fera belle leuée.
n'est vice de se bien taire,
  sy de parler n'est necessaire.
insulain ne prend pour compain,
car mieulx vault moult lontain que
ne fut si beau soulier,(trop prochaî.
  qui ne deuint laide sauatte.
}

Jamais
{
saultier ne fut bon escolier.
ne demeure chair à la boucherie.
teigneux n'aima le peigne.
geline n'aima chappon.
putain n'aima preud-hom'.
dormeur ne feit bon guet.
poltron ne feit beau fait.
chiche ne fut riche.
regnard n'eut gorge emplumée,
  pour dormir grasse matinée.
}

G 5   jamais

I.

Iamais vertu ne fastidie & n'ennuit,
  ne beauté assouuit.
Iamais homme sage & discret,
  ne reuele à femme son secret.
Iamais sage homme on ne veid,
  buueur de vin sans appetit.
Il ne proffite pas vne figue,
  de moult donner à vn prodigue.
Il n'y a honneur ny dignité,
  qui vaille salut, sagesse & santé.
Il n'est pas poure qui n'a guere de bien,
  mais celuy seul qui n'est côtent de rië.
Il n'y a diligence qui satisface,
  à cil que hastiueté presse & chasse.
Ire sãs force diuine ou humaine est vaine

Il n'est { sy bien ferré qui ne glisse.
  jamais tard à bien faire.
  sy bon acquest que de don.
  ouurage que de maistre.
  sy bon, qui n'ait son compaignon.
  nulles laides amours ni belle prisõ.
  pas eschappé qui traine son lien.
  nul mauuais amis.
  nul petis ennemis.
  tresor que de sagesse & santé.
  peché ne mal tant soit celé,
    qu'en fin ne soit cogneu & reuelé.

I.

Il n'est mal dont bien ne vienne.
Il n'est abbay ne chasse que de vieil chié.
Il n'est cheual qui n'ait son mehain.

Il n'est { poureté / vie / chere / fausse (se / entreprin } q̄ d' { ignorāce & mala-estre biē aise.(die. / homme joyeux. / appetit. / homme hardy.

Il n'est { dangier / orgueil / secours / richesse / auoir / abbay / feu / enuye } que de { villain. / poure enrichy. / vray amy. / science & santé / preud-hómie, / vieil chien. / gros bois. / moyne.

Il n'est pas { homme qui n'a somme. / glout qui n'essaye de tout. / riche, qui est chiche. / tousiours feste. / content qui se plaind. / heureux qui ne le cognoit. / seur à qui ne mescheut onques. / quiet qui doibt de reste. / maistre qui n'ose commander.

hardy

I.

Il n'est pas
- hardi qui ne s'auenture.
- bon maſſon qui pierres refuſe.
- vray ami qui ne meurt auec ſõ cheri
- touſiours temps de brebis tondre.
- ſire en ſon païs,
  - qui de ſes ſubjectz eſt hay. (tiers.
- bon eſcolier, qui trot & ſaute volon

Iambon & vin d'vne année,
  & amy d'vne ſieclée.

Aultrement.

Iambon paſſant vn an n'eſt ja bon,
  mais l'amy d'vne ſieclée eſt treſ-bon.

Il n'y a
- ſy laid pot, qui ne trouue ſon couuer
- beſte tant ſoit fiere, (cle.
  - qui ne ſe delecte de ſa pareille.
- ſi fin regnard,
  - qui ne trouue plus finard.
- homme tant ſoit il ſage,
  - qui du futur ſoit preſage.
- royne, ſans ſa voiſine.
- meilleur parent,
  - que l'amy fidel & prudent.
- choſe moins recouurable, q̃ le téps.
- qu'heur, en ce monde & malheur.
- pir debat,
  - que pluſieurs mains à vn plat.
- ſi long jour qui ne vienne à la nuit.

L

Il n'y a
- pir ennemy, qu'vn familier amy.
- rien honneste qui ne soit vtile.
- auoir qui vaille sçauoir.
- chance qui ne rechance.
- gehine que de femme & de vin.
- sy fort à escorcher que la queüe.
- chose tant ardue,
  qu'en bié cerchāt ne soit cogneüe.
- sy sage, qui à la fois ne rage.
- chose tant soit celée,
  que le temps ne rende auerée.
- ennemy plus venefic,
  que le familier & domestic.
- sy vaillāt, qui ne trouue son maistre.
- sy dur fruit & acerbe,
  qui ne se meurisse.
- sy difficile que le commencement.
- sy fort que la mort ne renuerse.
- sy riche, qui n'ait besoing d'amys.
- sy vile qui ne soit vtile.

Il est temps de
- planter, & temps d'arracher.
- semer, temps de moissoner.
- tuer, temps de saller.
- bastir, temps de demolir.
- parler, & temps de taire.
- gemir, & temps de rire.

Il est

L.

Il est temps de :
- donner, temps de garder.
- besogner, temps de chomer.
- tailler, temps de couldre.
- hayr & temps d'aimer.
- souffler, temps de humer.
- veiller & temps de reposer.

Il n'est rien plus certain que la mort,
 ne rien plus incertain que son jour.
Ieune coeur est souuent volage,
 tant en ville comme en village.
Iuge l'oiseau à la plume & au chant,
 & au parler l'homme bon ou meschât.
Iournée gaignée,
 journée despendue & mangée.
Il ne conuient estre ayré,
 quand la chose ne vient pas à gré.
Improbité & vice,
 porte son mesme suplice.

Il n'est que :
- pescher en grand viuier.
- jeune chair & vieil poisson.
- de hanter les preuds & bons.
- d'aller le grand chemin.
- d'auoir à faire à gens de bien.
- de parler courtois & gracieux.
- debien faire & taire,
  & à Dieu complaire.

I.

Innocence porte sa deffence.
Iour ouurier gaigne-denier,
   jour festé despensier.
Ioye, ennuy mal comme le bien,
   à la face paroit & vient.
Ignorer est motif & occasion,
   de tout estrif, debat & question.
Ingratitude tarrit les fonds,
   & la foy humilie les monts.

Il ne faut pas {
clocher deuant les boiteux,
mettre les estoupes auprès du feu.
ruer le manche apres la cognée.
semer les poux en vne vieille pelice.
aller au bois qui craind les fueilles.
reueiller le chat qui dort.
aller à la guerre,
   qui craind les horions.
enseigner le poisson à nager,
aller à meures sans hauet.
}

Il faut bien penser à la mort,
   au-iourd'huy vif demain mort.
Il faut vn fol & vn sage,
   pour trancher vn fromage.
Il faut laisser suer ceulx qui ont chaud,
   & trembler ceulx qui ont froid.
Il faut aller à la danse,
                                   & tous

L.
& tous mourrir sans doubtance.
Il faut traueiller, qui veut reposer.
Il faut que le sage, porte le fol sur ses é-
Il faut rendre le bien pour mal. (paules.
Il faut pendre le pot au feu,
   selon son estat & reuenu,
   & qui guere n'a despendre peu.

L.
L'Humble & subject merite pardon,
   & le rebelle punition.
Loup affamé nulle part applacé.
Loing de cité, loing de santé.   (vertu.
Le bō craind de pecher pour l'amour de
Le meschant d'offenser de peur d'estre
L'enseigne du logis ou hostelerie, (battu
   chascun erberge & demeure à la pluye.
La june, aumosne, & oraison,
   au corps & ame sont guarison.
L'arronceau premier d'esguillette,
   auec le temps de la boursette.
La marmotte demeure marmotte,
   tant soit gorriere tousiours barbotte.
Le bon pasteur (dit vn Empereur)
     tond son tropeau,
  sans l'escorcher ny grain toucher
     le cuir ne peau.
Les entrailles casses & cassettes,

aux

L.

aux amis doibuent estre ouuertes.
Le feu jamais ny moins l'amour,
　ne dient va t'en à ton labour.
L'argent fait la guerre,
　tel le dit qui n'en a guere.
Le temps & l'vsage rédét l'homme sage.
Le trop & le trop peu,
　rompt la feste & le jeu.
Le feu, l'amour, aussy la toux,
　se cognoissent par dessus tous.

DICTON.

L'homme qui veut auoir nom de discret
　moderêment doit celer son secret,
　& le fermer soubz la clef de raison,
　pour en vser en temps, lieux & saison.
L'eau fait pourir la barque.
Le feu aide le queux.
Le chien ronge l'os,
　pource qui ne le peut engloutir.
Les plus riches,
　sont souuent les plus chiches.
Le beau du jeu,
　est bien faire & parler peu.
Le grand poisson mange le petit.
Le sablon, va tousiours au fond.
L'arbre par trop souuent transplanté,
　ne produira fruit à planté.

L.
Les sots font les banquets,
   & les sages s'en gaudissent.
La premiere année que l'hóme se marie,
   touser se fait ou tombe en maladie.
L'esperance en Dieu est certaine,
   & toute aultre vaine.
L'abondáce des choses engédre ennuy.
La nuict est mere de pensées.
La robbe faict l'homme.
L'espoir du doulx repos soulage,
   le dur labeur de tout ouurage.
Larrons pendus, bien perduz.
Loüer aultruy puis blámer par vsage,
   d'estre inconstát est signe & de peu sage.
Le subtil est subit espreint,
   & subit passé & esteint.
Lire & rien entendre,
   est comme chasser & rien prendre.
Le jeu, la femme & vin friant,
   font l'homme poure tout en riant.
La foy, l'oeil ne la renommée,
   ne d'oiuent estre jamais touchées.

DICTON.
La langue conuient refrener,
   bien entendre & peu parler,
   car la parolle vne-fois enuolée,
ne peut estre reuocquée.

L.

Les dits des bons sages & notables,
 ramenteuoir sont prouffitables.
NOTA.
L'vn veut auoir, l'autre demande,
 l'vn veut joüer l'autre gourmande,
 l'vn veut du gras l'autre du maigre,
 l'vn veut bié doux & l'autre tresaigre.
Leuer matin & prendre esbatement,
 donner pour Dieu selon son aisemét,
 fuir couroux viure joyeusement,
 entendre au sien & viure sobrement,
 coucher en haut dormir escharcemét,
 loing du manger, soy tenir nettemét,
 fait l'hóme riche & viure longuemét.
L'argent qui ta esté presté,
 sans demander soit appresté.
Le poyure est noir,
 & chascun en veult auoir.
La bride & le baston,
 font le cheual bon.
L'office denote quel soit l'homme,
 & le pomier qu'elle la pomme.
L'arc trop tendu, tost lasche ou rompu.
Le ris,
 à mocquerie est proche & deris.
Les petis pots ont des oreilles,
 & petites ruches des abeilles.

L.

Le trou & l'occasion, inuitent le larron.
Le bon payeur,
   eſt d'aultruy bourſe Seigneur.
L'amour paſſe le gāt, & l'eau le houſeau.
Le ſoir (dit on) loüe l'ouurier,
   & le matin l'hoſtelier.

NOTA.

Lon ne doit ſouffrir à femme pour rien,
   de mettre le pied ſur le ſien,
   car le lendemain la bonne beſte,
   luy voudra marcher ſur la teſte.
Loüange humaine, eſt choſe vaine.
Le milieu en toute choſe,
   eſt tenu le meilleur.
La memoire du tort & iniure,
   moult plus que de benefice dure.

NOTE.

Leuer matin n'eſt pas touſiours heur,
   mais venir à point eſt le meilleur,
   & du matin boire encore plus ſeur.
L'aiſe chatoüille & fretcille,
   comme la pulce en l'oreille.
Le chien maiſtre Iean de niuelle,
   s'enfuit touſiours quand on l'appelle.
Le demander n'eſt pas villanie,
   mais l'offrir eſt courtoiſie.
Le demain, du mauuais payeur eſt vain,
          & affolé

L.

& affolé de pied de jambes & de main.
La finguliere fageſſe eſt Dieu cognoiſtre,
　lequel ignorer n'eſt rien ſçauoir.
L'huyle comme auſſy verité,
　retournent touſiours en ſommité.
La fin loüe la vie, & le ſoir le jour.
La foy conſiſte en croire & non en veoir
L'ouurier eſt digne de ſon loyer.
Le ſac ne fut onques ſi plein,
　que ny entraſt bien vn grain.
L'homme ne vit pas pour manger,
　mais il boit & mange pour viure.
La langue peut bien faillir,
　& l'eſcriture ne peut mentir.
Le menteur diſant verité,
　n'a credit n'auctorité.
Laiſſe à ton filz, bon nom : art ou office.
La continuelle goutiere, rompt la pierre
Le don humilié rochier & mont.
L'hoſtel & le poiſſon,
　en trois jours ſont poiſon.
L'apprendre eſt grand ſueur,
　mais ſon fruict eſt doulceur.
Le monde eſt rond,
　qui ne ſçait nager va au fond.
　　　　NOTA.
Le temps preſent ordonne,

L.

que celuy qui preste donne,
car à rendre chàcun envy sone.
Langue d'or abbaye l'or.
Le dire sans fait, à Dieu desplait.
La flamme est du feu l'ame.
La mesgnie de maistre michaut,
 tant plus en y-a & moins vaut.
La langue ne doibt jamais parler,
 sans congé au coeur demander.
La bourse ouure la bouche.
L'ame & le corps souuent sont discords.
La bouche desbouche bien souuent,
 ce que le cœur juge & sent.

Le ⎧ long cousteau ne fait pais le queux.
 ⎪ froc ne fait pas le moyne.
 ⎨ long jour ne fait pas l'ouurage.
 ⎪ coeur ou courage fait l'ouurage.
 ⎩ tiltre ne fait pas le maistre.

La beste faict tousiours la feste.
L'arme cause mainte larme.
Loeure l'ouurier decouure.
Les belles plumes fōt les beaux oiseaux.
La dure mort, saisit foible & fort. (doigts
Les mauuais cousteaux coupent les
 & laissent le bois.
Labeure bien, & recoeilleras bien.
L'asne de tous, est mangé des loups.

L.

Le molin ne meult pas,
   auec l'eau coulée en bas.
La mort par tout mord.
Le fol fait la feste & conuy,
   & le sage s'en paist & rejouit.
L'arc au ciel du soir,
   fait beau temps paroir.
La fourche emporte cil à qui touche.
La trop grand' conuersation,
   d'amitié diminution.
Lon n'estime la voix ne le dit,
   de qui n'a vertu ne credit.
Long de cité loing de santé.
L'attente & chose latente tormente.
La nuict est mere de pensées.
Loüer aultruy puis blamer par vsage,
   d'estre incóstāt est signe & de peu sage.
Le blanc & le noir,
   ont fait Venise richesse auoir.
La bonne mere ne dit pas, veus tu?
Les biens sont d'iceulx qui en joüissent.
L'eau fait pleurer,
   le vin chanter.
Les estoupes arriere du feu,
   & les jeunes vne lieüe du jeu.
Le dernier venu ferme la porte.
Le monde parle, l'eau coule,

L.

Ṡe vent ſouffle, & l'age s'eſcoule. (peau,
Le bon paſteur tond en ſaiſon ſon tro-
  ſans eſcorcher le cuir toiſon ne peau.
Le temps ſe change en bien peu d'heure,
  tel rit matin, que le ſoir pleure.
La foy ſans oeure n'a nō plus de credit,
  qu'vn vieil ſonge de nuit.
Libre n'eſt celuy qui ſert aultruy.
La vie de l'homē s'eſcoule & fuit,
  la mort à grand randonée ſuit.
La faim enterre la fame.
Lon peut bien de tout vſer & abuſer,
  comme d'vn vent eſteindre & allumer.
Le mal vient à Cheual,
  & retourne boiteux & contre-ual.
L'eau faict pourir ſoulier & houſeau.
L'oeil veut de tout ſa part.   (maiſon,
Le fol ſçait mieux ſon fait en ſa propre
  q̄ le ſage iceluy d'aultruy par ſuſpeçō.
La fieure continuelle l'homme atterre.
La faim fait ſortir le loup du bois.
L'habit ne fait pas le moyne.
Le bois a oreilles, & le champ des yeulx.
L'auoir d'autruy conuoiter ne dois,
  ne tes mais embroüiller ne tes doigts.
Le manger fait reueiller le boire.
Le bon valet dict à ſon maiſtre,
               apres

L.

apres seruir conuient repaistre.
L'eau court tousiours en la mer.
Le fruit ensuit la belle fleur,
  & la bonne vie grand honneur.
Labeur constant en operation,
  sur toute chose a domination.
Les oeures font la vertu,
  comme les arbres la forest.
Le rendre fait mal à la gorge.
La faux souuent s'abaisse & plye,
  puis se dresse, les autres bois lye.
La charge domte la beste.
L'ablatif est vn cas desolatif,
  & le datif est par tout optatif
La chandelle esclere chascun & allume,
  & soy mesme se destruit fód & cósume.
Le sage ne pense dit & ne fait,
  ce qu'a Dieu n'aggrée & ne plait.
L'appetit & la faim,
  ne trouuent jamais mauuais pain.
La femme fait vn mesnage ou deffait.
L'oison mene l'oye paistre,
  & le bejaune precede le maistre.
Lire souuent bonne doctrine,
  guerit les maulx de la poitrine.
Lon ne peut voler sans aelles. (semble.
Lon ne peüt humer & souffler tout en-

H 5   Lon

L.

lon ne peut courrir enfemble & corner.
lon ne peut efcorcher vne pierre.
lon ne peut homme nud defpoüiller.
lon ne peut faire d'vn couló vn efpriuier
lon ne peut cacher éguilles en fac.
lon ne peut fefter auant commencer.
Leuer matin habilite & faintifie,
   il purge enrichit & purifie.
Loing de l'oeil loing de coeur.
L'abondance engendre la naufée.
La medicine ne proffite point tát au pa-
   qu'aulmofne à l'indigent.   (tient,
Le fage fe regit par raifon,
   & le fol auec le bafton.
NOTA.
Lon ne doibt pas le monde aimer,
   car on y trouue par trop d'amer.
   famine y-a, engain froidure,
   chaleur peftilence & ordure.
Les paches & l'accord rompent la loy.
Lon cognoit les parens & les amys,
   a nopces, & a la mort en maints pays.
Le loyal riche & gracieux,
   eft bien venu en chafcuns lieux.
Le bon filz refiouyt fon pere,
   & le fol contrifte fa mere.
le femer & la moiffon,
                              ont

L.

ont leur temps & leur faison.
Le pareſſeux & negligent,
craignant la faim eſt diligent.
L'appetit & la faim,
ne trouuent nul mauuais pain.
Le tradiment eſt à la fois aimé,
mais le traiſtre eſt de chaſcun abhoré.
La peur ou crainte & grand frayeur,
corrompt de menace la vigueur.
La greigneur de toute triſteſſe,
eſt qui ſuruient a l'alaigreſſe.
L'accouſtumance de mal faire,
rend l'homme cruel comme vne beſte.
Le prince voulant tout ſçauoir,
& de tout s'enqueſter,
ſe doibt deliberer à ſouuét pardóner.
L'attente tormente.
Le mal grauit & pullule touſiours.
Le moine, la none & la beguine,
ſont fors pirs que n'en ont la mine.
L'office & la ſomme,
monſtrent quel ſoit l'homme.
Les dicts diſcrets bien à temps dits,
eſgayent & recreent les eſprits.
La tempeſte & l'horible orage,
deſcouurent du pilot le courage.
La ſeule auarice du temps,

eſt

L.

est loüable & en pris grand.
Le seul poure & vieil exilé,
 sent le dur faix de poureté.
La qualité de la mesgnie,
 demonstre du maistre la policie.
Le jeune honteux est à priser,
 & le vieillard à mespriser.
La regle de mediocrité,
 est en grand pris & dignité.
Le traitement fait à parents,
 de tes enfants semblable attents.
Vel. Comme feras à ton parent,
 te rendra Dieu l'equiualent.
La terre vault selon son chef,
 qui l'a bon est seur de méchef.
Le plus sage, se tait par vsage.
Litiger est à l'aduocat vendenger.

NOTA.

Lan par decembre prend fin & termine,
 aussy fait l'hôme aux ās soixāte douse,
 le plus souuent car vieillesse le mine,
 l'heure est venuë q̄ pour partir se house.
Le bien encore que soit peu,
 qui le refuse est bien gueu.
Le connin & le villain, à la main.
 C'est à dire que le connin est meilleur,
 desmembré à la main, que coupé,
 pareillement

L.

pareillement le villain estant mal traité,
deuient plus humain que s'il fut careffé
ny amignardé.
Le denier est fy tref-bon ouurier,
 qu'il fait du meschant bon & gorrier.
Le naturel de la grenoüille,
 est qu'elle boit & souuent gasoüille.
L'art de sçauoir amy entretenir,
 n'est pas moindre que le sçauoir ac-
La goutte desgoutte.   (querir.
La poire chet subit qu'elle est meure,
 nul peché impuny demeure.
L'image & la peinture,
 sert au simple de lecture.
Loüange d'amy n'a nul credit,
 ny le mespris d'vn ennemy.
La mort fuit qui la cerche & suit,
 & elle suit qui l'abhorre & fuit.
L'escripture en aduersité,
 console & nous donne gayeté.
L'offense d'vn qui fut ton amy,
 est plus greue que d'vn ennemy.
La court saincte & romaine,
 abhorre l'ouaille sans laine.
Le Sabath inuite à l'esbat.
Le calme & la bonace,
 tempeste souuent menace.

la

L.

la nuit l'amour auſſy le vin,
  ont leur poiſon & leur venin.
le ris & le caquet,
  pas ne duiſent en banquet.
l'arbre par trop ſouuent tranſplanté,
  ne produira fruit à planté.
la queüe eſt la pire à eſcorcher.
l'eſcoutant fait le meſdiſant.
l'eau à traits de boeuf boy,
  & le vin comme roy.
le trop ſe gaſte, & le peu baſte.
l'auare ne veut prendre,
  de peur de rendre.
la table eſt vn larron ſecret & couſtable.
le couſt, fait perdre le gouſt.
la fin loüe l'ouurier.
l'appetit vient en mangeant,
  & la ſoif en buuant.
les bien fourez les reins au feu,
  les mal veſtuz le dos au vent.
l'oeil du ſage, eſt du ſoleil l'image.
le put & meſchant oiſeau,
  s'aide de la langue pour couſteau.
le mareſchal pour ſon feu augmenter,
  le vient a la fois d'eau froide arrouſer.
l'hyuer dône le froid, printêps verdure,
  l'eſté moiſſon, autome vin produit.
                              d'ou

L.   64.-(dure?
d'ou peut venir ce bien qui toufiours
ᵭ du fçauoir de Dieu qui tout cõduit.
le chien voyons du fin matin,
　cercher l'herbe contre venin.
　　　NOTE.
La mouche à miel traueille en diligéce,
　& le bourdon en vit fans faire rien,
　ainfi maint hõme oifif par negligence,
　d'aultruy deuore & confume le bien.
l'eftable eft par-trop tard fermé,
　quand le cheual eft efchappé.
l'oifeau par fes plumes eft jugé beau.
le feu eft tenu vierge,
　rien ne nourrit & n'engendre.
le jeu, la nuict, lict & le feu,
　ne fe contentent jamais de peu.
la multitude des mal-faifants,
　priue de honte mal-perpetrants.
le dit a plus d'efficace que l'efcrit.
le bon treffouuent paye la tarre,
　pour le mefchant & le compere.
le mauuais de fon malheur,
　eft propre caufe & autheur.
le peu donné en temps,
　excufe vn prefent grand.
l'homme double de coeur & courage,
　eft inconftant en tout ouurage.
　　　　　　　　　　làge

L.

L'âge rend l'homme sage.
Labeur, traueil, exercice & la somme,
   de tristesse attenuét le faix & somme.
Le don lie cil qui le reçoit,
   qui ne le recognoit deçoit.
L'homme chetif paure & mesquin,
   de chàcun est proche & voisin.
Le mauuais & peruers,
   va tousiours de trauers.
L'amorce est-ce qui engaigne,
   le poisson & non la ligne.
La vye de l'homme estant sur terre,
   est vne perpetuelle guerre.
L'enuieux jamais ne meliore,
   & qui s'en accointe souuent pejore.
La putain aussy la corneille,
   tant plus se laue plus noire est elle.
Longue langue, courte main.
La femme & l'oeuf,
   vn seul maistre veut.
La roüe de la fortune,
   n'est pas tousiours vne.
L'ouaille & l'abeille,
   en Apuril ont leur dueil.
Par ce qu'elles meurent,
coustumierement en Apuril.
L'on honnore communement,

ceulx

L.   65.

L'on
{
ceulx qui ont beaucoup d'argent.
doibt adjouster plus de foy à l'oeil,
  qu'à l'oreille.
ne doibt tant donner à sainct Pierre
  que saint pol demeure derriere.
ne trouue entre cinq cents,
  en grosse teste beaucoup de sens.
ne doibt son coeur descouurir,
  on se morfond au decouurir.
dit par bourgs villes & villages,
vin & fēmes attrapēt les plus sages.
doibt egallement considerer la vie,
  d'iceluy qui mesdit côme de qui il
cognoit auec le temps,   (mesdie.
les bons payeurs & marchands.
ne doibt faire tant de cas du petit,
que le grād demeure puis derriere.
}

L'homme
{
sage prudent & discret,
  à femme ne reuele son secret.
chet en vice facilement,
  mais en vertus dresse lentement.
qui a contentement,
  est nommé riche justement.
est tresnoble creature,
  quand par raison guide sa nature.
de bien a part en toute region,
}

I i   comme

L.

L'homme
- comme en la mer le poisson.
- est feu & la femme estoupe,
 le diable vient qui souffle.
- qui moult boit,
 tard paye ce qu'il doibt.
- n'est à priser pour sa science,
 s'il n'a pure & monde la cóscience.
- propose & Dieu dispose.
- par trop ne conuient loüer,
 car on le void tost varier.
- n'est pas par le lieu honnoré,
 mais le lieu est par l'hóme decoré.
- est tenu par ses parolles,
 ainsy que le boeuf par les cornes.
- coüard ne vault rien en bataille,
 car il fuit auát q̃ coup on lui baille.

Le poulain va volontiers l'amble,
 dont la mere fut hacquenée.
Les viures suyuent le camp.
Les morts & les auoyez,
 sont bien tost oubliez.
Labeur, cure, soing & diligence,
 sont vrays sentiers à la science.
Le mal que l'homme intimide,
 en fin le tue & homicide.
Le chien du feronier,
 s'endort au son du marteler,

L.

& se reueille au denteler.
Denteler s'entend pour le diner.
L'eau n'à de tenir oleur, couleur, n'y ja- (ueur,
mais du soleil la lueur & splendeur.
Le coq & le seruiteur,
  vn seul an sont en vigueur.
Le monde munde spacieux & rond,
  qui ne sçait nager va au fond.
Loison, & le cochon,
  du cousteau les embroche on.
Langue viperine & double,
  cause souuent noise & grand trouble.
Le calme serain comme la bonace,
  la tempeste bien souuent menace.
Le bon mesuse & grieuement offense,
  pardonant à vn meschant son offense.
Langue humaine n'a nuls os,
  & trenche menus & gros.
Laict sur vin est venin,
  vin sur laict est souhait.
Le soir loüe l'ouurier,
  & le matin l'hostelier.
Le don brise montaigne & mont.
Les entrailles & le denier,
  à l'amy ne doibs denier. (confession.
L'intention, de chascun est le jugemēt &
L'oeil du maistre real,

I 2   engraisse-

L.

engraiſſe le cheual.
L'habit reueille anime & rallegre l'eſprit
Le ſoir loüe l'ouurier,
   & le matin l'hoſtelier.
Le gros maſtin cerche du matin,
   la bonne herbe contre le venin.
  C'eſt a dire. Conſulendum ſaluti.
les hommes ſe rêcontrêt, & les montaig-
les vilains s'entretuent,   (nes non,
   & les ſeigneurs s'abracent.
les longs propos font les courts jours.
les bien veſtus l'eſchine au feu.
les mal veſtus le dos au vent.
les premiers ſeront les derniers.
les derniers ſeront les premiers.
les roix, ſont autheurs des loix.
les petis pots ont des oreilles.
les courtes follies ſont les meilleures.
les derniers venus pleurêt les premiers.
les cornus & les wihots,
   n'ont que la peau & les os.
les folz font la feſte couſt & daſgaſt,
les ſages en prenent le gouſt & l'eſbat.
les premiers & furieux mouuements,
   ne ſont pas en la main de l'homme.
La langue n'a grain d'os,
   & rompt l'eſchine & le dos.

L.

La furrabondance de cire,
  brufle la maifon noftre fire.
Le bien eft tref-mal employé,
  qui de fon maiftre n'eft fubiugué.
L'alan fouuent la queüe remüe,
  non pour toy mais pour la repüe.
Le fufeau doibt fuyure le gorreau.

C'eft à dire que fi l'homme traueille au champ, que la femme ne doibt chomer, à la ville.

Le meilleur pain & falutaire,
  eft le fué pour ordinaire.
L'oeil du maiftre engraiffe le cheual.
Le milieu eft le meilleur.
L'ire du feigneur femble à la fois boiteu
  mais en la fin eft greue & rigoreufe. (fe
La mort n'admire & n'efpargne,
  roy d'engleterre ny d'efpagne.
Le fentier de vertu, eft vnic & ardu.
La premiere rogue en mariage,
  eft de l'argent & appanage.
Le viateur vuide & nud,
  n'eft deualifé de nul.
L'amy tardif eft tenu fufpect ennemy.
L'homme par fon teftament palife,
  fa qualité nature & guife.

I 3 Lon

M.

Lon estime le fait & le dit,
  d'iceulx qu'ont argent & credit.
Lon n'achete pas seurement,
  ce qu'appartient à plusieurs gents.
L'indigent de peu est content,
  & l'auare tousiours mal content.
La parolle est l'ombre & l'image,
  de tout oeure & de chaque ouurage.
L'effect & fin d'amitié,
  est reduir plusieurs en vnité.
La voix redouble son poids.   (driere,
Langue mensongiere, de l'ame est meur-
Le peuple s'effraye moult plus du son,
  que du mesme coup ne horion.

Mieulx vault
{
  viure vertueusement,
    que naistre noblement.
  bon prochain voisin,
    que parent lontain ne cousin.
  vne poignie de bonne vie,
    qu'vn muy de clergie.
  refuser & puis faire,
    qu'accorder & ne faire.
  vne heurette de bon heur,
    que de l'vniuers la faueur.
  mourrir auec fame & honneur,
    que viure à blame & deshóneur,
  honte en face & visage,
}

que

M. 68.

Mieulx vault
- que doleur en coeur ny courage.
- estre de Dieu aymé,
- que de grand matin leué.
- estre sans fame,
- que mensoigneusement loüé.
- ce qu'est fait par nature,
- que par aulcun art ou figure.
- seruitude en paix,
- que seigneurie en guerre.
- estre mediocrement riche, (chiche.
- que desordonêment tacquin &
- repentance de son malefice,
- que perseuerance en malice.
- vn bien lontain,
- qu'vn mal prochain.
- glisser du pied,
- que de la langue.
- perdre vne fenestre,
- qu'vne maison.
- vn tenez que deux vous l'aürez.
- vertu souueraine,
- que force humaine.

Mieulx vault regle que rente.
Mieulx vault bonne renomée,
  que ceinture dorée.
Mieulx vault de vertu tresor, que d'or.

M.

Mieulx vault
- vn pied, que deux eschaffes.
- courtois mort, que villain vif.
- fontaine que cisterne.
- bon gardeur que bon gaigneur.
- de main battu, que de langue feru.
- belle manche, que belle panse.
- monocle ou borgne qu'aueugle.
- sçauoir qu'auoir.
- esperer que se desesperer.
- vn oeil que nul.
- deslier que couper.
- estre enuyé, qu'apitoyé.
- chomer que mal besogner.
- laisser la peau, que le veau.
- sçauoir que penser.
- estre martir que confesseur.
- ployer que rompre.
- tard que jamais.
- seul que mal accompagné.
- vn present que deux futurs.
- descousu que rompu.
- rien que peu parler.
- peu que rien.
- reculer que mal faillir.
- vn pied nud que nul.
- grain que peu perdre.
- obedience que sacrifice.

mieulx

M.

Mieulx vaut vertu que force.
Mieulx vaut bien parler que mal taire.
Mieulx vaut souffler que se brusler.
Mieulx vaut mestier qu'espriuier.

Mieulx vault {
 roder que se noyer.
 enuyné qu'enhuylé.
 heur & felicité: que beauté.
 suer, que trembler.
 mendiant, qu'ignorant.
 mords, que mangé & mort.
 folier en herbe qu'en gerbe.
 gage en arche, que pleige en place.
 vn en la main, que deux demain.
 demander que faillir & errer.
 tondre laigneau, que le porceau.
 promptement vn oeuf,
    que demain vn boeuf.
 deux pieds, que trois eschaffes.
 estre que sembler homme de bien.
 auoir qu'espoir.
 acheter qu'emprunter.
}

mieulx vaut vne seule mouche à miel,
 que cent bourdons sans miel. (chestes
mieulx vaut bóne renómée q̃ grādes ri-

M.

Mieulx vault
- noſtre vie, q̃ la perdition d'aultruy.
- eſtre auec verité repris d'vn enne-
- q̃ faulſemét loüé du feint amy. (mi,
- la cendre diuine,
  que du monde la farine.
- tenir le petit pour amy,
  que le grand pour ennemy.

Mont, bois, bon port, fleuue & torrent,
  me doint Dieu pour proche & parent.
Mal aymera les eſtrangiers,
  celuy qui hait ſes familiers.
Manger & galler,
  git en bien commencer.
Moyne au cloiſtre,
  & le mort au cemitiere.
Memoire du bon temps preterit,
  rend le preſent gref ſans deduit.
Mort du louueau, ſanté de l'aigneau.
Vel. Mort du loup ſanté de la brebis.
Mal acquis en tout art & meſtier,
  ne proffite au tiers heritier.
Miſere & calamité,
  découurent la vraye amitié.
Meſchant & mal duit barbier,
  ne laiſſe poil ne peau à barbîer.
Mauuaiſe compaignie,
  au gibet l'homme conuie.

mort

M. 70.

MORT NA TORT.

Meschant est l'oiseau,
　qui descouure son nid beau.

QVIDAM.

Mal payer & faulx conseilliers,
　discorde entre aulcuns cheualiers.
nouueaux impots & les gabelles,
souuent esleuent guerres nouuelles,
qui jamais jour ne fineront,
tant que tels desordres dureront.
somme bien payer acquiert amys,
　envy desbourser ennemys.
Maudicte est de follie la foeille,
　qui l'espard & seme la recoeille.
Malheureuse est la maison & meschante
　ou le coq se tait & la poulle chante.
Manteau, couure laid & beau.
Mieux vaut perdre la toison q̃ le moutõ
　& vne fenestre que la maison.
Maçon auec raison, fait maison.
Mere trop piteuse,
　fait sa famille tigneuse.
Mal an & femme sans raison,
　ne manquent en nulle saison.
Muraille blanche papier de fol.
Mauuaise herbe croist soudain.
Mal sus mal n'est pas santé,

　　　　　　　　　　　　mais

M.

mais vn mal est par autre contenté.
Mourir conuient c'est chose seure,
  & ne sauons le jour ny l'heure.
Maudit soit le soulas qui rend le sot las,
  portant en la queüe helas.

Mieulx vault {
bien viure, que le promettre.
en paix vn oeuf,
  qu'en guerre vn boeuf.
auoir la podagre ou goutte,
  que de ne veoir goutte.
dire veulx tu du mien,
  que dire donne moy du tien.
se taire pour paix auoir,
  que d'estre battu pour dire veoir.
vne miette de pain auec amour,
  que poulles grasses auec dolour.
peu de biens auec suffisance,
  que grād richesse auec cōcupiscēce.
vne minute de bonne renommée,
  qu'vne vie incorrecte d'vne sieclée.
lombre d'vn preud viellard,
  que les armes d'vn jeune cocard.
rusticquement verité dire,
  que ciuilemēt & façōdemēt mētir.
vn bon jour & vn oeuf,
  qu'vn grand meschant boeuf.
poure & homme de bien,
}

que

M.

Mieulx vault
{
que riche & ne valoir rien.
payer & peu auoir,
q̃ moult auoir & tousiours debuoir.
petit secours en lieu & temps,
que fort accompli tard venant.
vn gigot voisin & prochain,
qu'vn gras mouton l'ontain.
estre petit pomier fecond & frutier,
qu'vn grand liban sec estendu loin le sentier.
}

Mieux vault
{
estre oiselet de bois ou bocage,
que grand oiseau de cage.
daim & jacture,
que gain vile & vsure.
estre pour aultruy riche,
que pour soy auare & chiche.
amy au besoing,
que denier au poing.
non sçauoir, que mal sçauoir.
bas estat seur,
que royaulme auec peur.
le mal à tort tollerer,
que mal perpetrer.
vn present, que deux attend.
en corps doleur, qu'en ame aigreur,
bien faire que bien dire.
}

gaudir

M.

Mieux vault
- gaudir de son patrimoine,
  que le laisser à vn ribaud moyne.
- preseruer nostre vie,
  que destruir aultruy.
- estre vertueux & bon,
  que d'en auoir le seul renom.
- engin que force, & bois qu'escorce.
- tost mourrir pour la liberté,
  que lōguemēt lāguir en captiuité.
- chenu, que chauue sec & nud.

Mal d'aultruy, ne soulage ennvy.
Mars venteux & Apuril pluuieux,
　font le may gay & gracieux.
Main du medecin trop piteux,
　rend le mal souuent bien chancreux.
May jardinier, ne comble grenier.
Mains deniers & courages,
　font és villes maints ouurages.
Mets ta main souuent en ton sein,
　& ne mesdiras de ton prochain.
Moins vault à la fois le vin que la lye.
Mieulx vaut perdre la toison,
　que brebis belier ne mouton.
Mal se peut lauer la teste ne courone,
　qui au barbier ne va en persone.
Mets le fol en banc,
　il branlera la jābe ou dira quelq̄ chāt.

Meurier

MEVRIER NONAMANDIER.
Moult deſpédre rien gaigner n'acquerir,
 fait l'homme en fin ſon pain querir.
La maniere fait le jeu.
Mains blanches ſont aſſez lauées.
Maiſtre endormy, & imprudent,
 rend ſon ſerf lourd & negligent.
Menſonge, eſt vn laid & mais ſonge.
Mariage eſt pour ordinaire,
 vn mal perpetuel neceſſaire.
Modeſteté eſt bien requiſe à l'inuité.
Meſchante parole, le bon n'affole.
Medecin langagier au pacient,
 redouble ſon mal & tormét. (bouche,
Maiſon de terre cheual d'herbe amy de
 ne vaillent pas le pied d'vne mouche.
Maladie diſette & vieilleſſe,
 cauſent l'homme tomber en detreſſe.
Mauuaiſe compagnie,
 dépraue des jeunes la vie.
Main l'auée moins leuée.
Memoire du mal a longue trace.
Memoire du bien toſt ſe paſſe.
Mal partionier,
 attenuë l'encombrier.
Mieulx vaut eau du firmament,
 que tout aultre arrouſement.

Note.

M.
NOTE.
Maison sans porte,
   prometteur qui n'apporte,
   langue faconde & diserte,
   sans closture & ouuerte,
   bourse pleine sans lien,
   peu proffitent ou tout rien.
Medicine faict honneur à vrine.
Mentir, tromper, embler & question,
   encheminent l'ame à perdition.
LE THIOIS DIT.
Lieghen, bedrieghen, stelen sonder noot.
brenghen die onneosele sielen ter doot.
Manger & non boire,
   c'est aueugler & non veoir.
Mars gris, apuril pluuieux & mai vétcux
   font l'an fertil & plantureux.
Mal vienne au pelerin,
   qui deprise son bourdoncin.
Moult parler & rire,
   font l'homme pour fol tenir.
Maladie, rend la face blemie.
Moult parler nuit, & mout grater cuit.
NOTE.
Marchand qui ne tient sa promesse,
   juge qui verité delaisse,
   & auocat vuide de sagesse,

M.

ne vaillent pas vne veſſe.
Mal verrà le lontain,
　qui pas ne void le prochain.
Mal fait inuiter l'aſneau,
　à porter la ſomme ou l'eau.
Main droicte & bouche munde,
　peut aller par tout le monde.
Mout dire & bien faire,
　n'eſt pas d'vn meſme maiſtre.
Maiſon ne conuient acheter,
　qui meubles n'a pour y bouter.
Mauldit ſoit il qui penſe à mal,
　ſachant que luy en prendra mal.
Malheur à l'oiſeau naiz en meſchāt vau.
Morte la beſte, mort le venin.
Meſchant eſt le conſeil,
　qui n'a ſon deſconſeil.
Memoire & vſage,
　rendent l'homme ſage.
Mieulx ſe tollere reprehenſió q̃ meſpris
Mal par conſeil remedié,
　ne fut onques guere eſtimé.
Mieulx vaut la cendre du ſouuerain,
　que la farine du faulx monde & vain.
Memoire eſt mere de ſageſſe.
Memoire s'auachit ſans exercice.
Malice engendre ſon propre ſuplice.
　　　　　　K　　　mieulx

M.

Mieulx vault vne fois bien finir,
 que touſiours pener & languir.
Mieulx vault vn ſeul beau fait notable,
 que maints petis incommédables.
Mauuaiſe conuerſation,
 donne de ſoy ſuſpicion.
mal vit qui ne s'amende.
mal penſe, qui ne contrepenſe.
mal ſert qui ne parſert.
mal poiſe qui ne contrepoiſe.
mal fait qui ne parfait.
mal commence qui bien n'acheue.
mal ſe joüe qui fiert la joüe.
mal gaigne qui tout deſpend.
mal ſoupe qui tout dine.
mal aduiſé a ſouuent peine.

Multitude du peuple errant,
 ne nous ſert pas de garrant.
Magnanimité n'a beſoing ne meſtier,
 d'aguillon à couroux ne bouclier.
Meilleur eſt l'abortif,
 que le meſchant oiſif.
Muraille blanche papier aux folz.
Maiſon ſans femme & ſans flame,
 corps ſans ame.
Mauuaiſe eſt la beſogne & l'oeure,
 qui

qui ne nourrit son maistre & couure.
malice obscurcit la verité,
   qui en fin reste en somité.
malheureux est le païs,
   ou-quel le diable est en haut pris.
monstre moy vn menteur,
   je te monstreray vn larron.

MORTAMINA.

nul vice, sans son suplice.
nul miel, sans fiel.
nul pain sans peine,
nul bien sans haine.
nul bien perdu ne pery,
nul mal impugny.
nul en pris, en son païs.
nul noble sans noblesse,
nul cheualier sans prouesse.
nul homme, sans somme.
nul bien sans peine.
nul vin sans lie.
nul bois sans escorce.
nul or sans escume.
nul plaisir, sans desplaisir.
nul contraire sans son aduersaire.
nul grain sans sa paille.
nul mondain soulas, sans son helas.
nul grand dormir, sans songe acquerir.

N.

Nul endroit sans son enuers.
Nul sang blanc.
Nul vieil vestement sans poulx.
Nul samedy sans soleil.
Nul mal sans aucun bien.
Nul jour sans soir.
Nul stile, art, mestier ne boutique,
  qui n'ait l'arron ou sa praticque.

NE PEV NE TROP.

Nulle royne, sans sa voisine.
Nulle muse sans son excuse.
Nulle souris sans pertuis.
Nulle putain sans ruffian.
Nulle terre, sans guerre.
Nulle montaigne sans vallée.
Nulle farine sans son.
Nulle maison sans croix ou passion.
Nulle noix sans coque.
Nulle noblesse de paresse.
Nulle rose sans espine.

Nous sommes instruicts par doctrines
  euangelicques,
  que les ennemis de l'homme sont ses
  domesticques.
Ne blâme ame.
Ne reprens ce que n'entens.

N.

jure & ne paillarde point.
tue & n'homicide point.
jugez point & vous ne serez point (jugez.
porte point faulx tesmoignage.
conuoite point l'auoir d'aultruy.
sois point hastif.
croy de leger.
flatte nulluy.
te fye de l'amy reconcilié.
sois point langagier.
sois point paresseux,
 si ne veux estre diseteux.
pense, dy & ne fay,
 ce qu'à Dieu déplait.
Noir terrien porte grain & bien,
 & le blanc ne porte rien.
Nul ne se doibt loüer ne moins blamer,
es faits fōt l'hōme tel qu'il est reclamer.
Nul ne peut bien à deux maistres seruir,
 ne la grace de chascun deseruir.

DICTON.

Noë premier planta la vigne,
arrousant de sang la racine,
d'aignel, porceau, singe, & lion,
dont le vin tient complexion.
Nouriture passe nature.

NOTE.

K 3 noblesse

N.

Noblesse doibt auoir le coeur vestu,
de bónes moeurs, de prudęce & largesse
de purs dons procedants de vertu,
bref sans vertu ne peut estre noblesse.
Noire geline pond blancs oeufz.
Nouuel hoste nouuelle notte.
Neige au bled est tel benefice,
comme au vieillard la bonne pelice.
Non d'ou tu es mais d'ou tu pais.
Notaire putain & barbier,
paiscent en vn mesme pré,
& vont tous par vn mesme sentier.
La. nuict a conseil.
Nul n'est tenu à l'obligation,
faite par contrainte, ou par deception.
Ne l'oeil sur la lettre ou coffret.
Ne la main en bourse d'autruy.
N'aye point peur de ton dernier trépas,
car qui le craind languit & ne vit pas.

DICTON.

Nul n'est guarry des verolles.
qui ne dira ces trois parolles,
soudain abraham ou regnaud,
de sorte qu'on l'entende haut.
Nul ne peut donner des tripes,
sinon celuy qui tue son porceau.
Nature fait chien chasser.

necessit

N.

necesité abaisse gentilesse.
necesité n'a loy foy ne roy.
DICTON.
ne souffre à ta femme pour rien,
 de mettre son pied sur le tien,
 car le lendemain la pute beste,
 le voudroit mettre sur ta teste.
nul n'est bien heuré,
 auant qu'il soit enterré.
nul mal demeure impuny,
 & nul bien fut oncques pery.
ne de bon temps ne de seigneurie,
 ne prens aucune melancolie.
netteté nourrit la santé.
ne rompt l'oeuf mollet,
 sy ton pain n'est appresté.
nouuelle cheminée,
 est bien tost enfumée.
nul ne se doibt vãter d'auoir ami trouué
 si au par-auant ne là tres-biē éprouué.
nul ne peut estre bien-heureux,
 s'il n'est sage bon & vertueux.
nud sans BLANC,
 pouré en blanc.
ne fut le mauuais vêt & fēme sãs raison,
 jamais n'aũriõs mauuais tēps journée
nul peché n'est sy celé,   (ne saison.
qu'en

N.

qu'en la fin ne soit reuelé.
N'escoutez jamais les harangues,
　de ceulx qui portent doubles langues.
Ne donne pas tant à sainct Pierre,
　que sainct Paul demeure derriere.
Ne te fie point & tu ne seras poît trôpé.
Nulle vertu sans fatigue,
　qui la veut qu'il la brigue.
nul ne ⎧ peut seruir à deux seigneurs.
　　　 ⎨ perd qu'aultruy ne gaigne.
　　　 ⎩ sçait ce que luy pend au nez.
Nonains moynes presbtres & poullets,
　ne sont jamais pleins ne saoulez.
Nuict greue & souuent nuit.
Non en la cane ny au haim,
　mais en l'amorce git l'engain.
Ne potage sans bacon,
　ne nopces sans son.
　N O Z T A B L E S,
　　sont larrons N O T A B L E S.
Nulle belle fille sans amour,
　& nul vieillard sans dolour.
Nid tissu & acheué,
　oiseau perdu & enuolé.
Ny les estouppes proches aux tisons,
　ne moins les filles pres les barrons.
Nul mal & nul bien,

　　　　　　　　　　　sans

N.

sans peine ne vient.
Ne te pren ny harpe au potier,
  qui de terre vile fait le denier.
Ne parle sans en estre requis,
  sy veus estre en estime & pris.
Nulz vifz sans vices.   (blye,
Noble est qui noblesse ne blesse & n'ou-
  & vilain qui commet villanie.

Ne { dy / fay / croy / juge / donne / prēds } pas tout { sçais & péses. / peus. / oys. / voys. / as. / desires. } ce que tu

Nul ne paruient à la vieillesse,
  qui n'a passé par la jeunesse.
Ne te fye de menteur ne de vent,
  car bien fol est qui s'y attend.
Nouueau Roy, nouuelle loy.
Ne t' { areste à nulle temptation, / esmoye pour nulle tribulation, / esleue pour nulle consolation.
Nul blasoner grain ne deburoit,
  de l'art ouquel n'est bien adroit.

·CICERON.

Nulle grande cité ne peut estre,
  longuement en paix,

                K 5   car

N.

car fy elle n'a vn ennemy eftrangier,
ne luy manquera le familier.
Nul ne paruient à la vieilleffe,
qui n'ait paffé par la jeuneffe.
Nul ne peut eftre vray amy,
qui penfe vn temps eftre ennemy.
Nul royaulme en aultruy contrée,
eft feur & de longue durée.

DICTON.

Nul ne fe doibt ennorgoeillir,
voyant fon arbre à gré fleurir.
car vne nuit vient la bruyne,
qui frondes & fleurs gafte & ruyne,
Vel. qu'elle dégafte & arruyne.
Necefsité rend magnanime,
le coüard & pufillanime.
Nature n'a fait chofe tant fublime,
dont vertu n'en vienne à chef & cyme.
Nul bien delicieux ny apprecié,
s'il n'eft communicqué & diuulgué.
Nul ne peut eftre fage ne prudent,
qui ne fouffre & n'eft pacient.
Ne vueille deuenir à coup opulent,
à ce que ne fois foubdain indigent.
Nature excelle doctrine & lecture.
Nul n'eft d'aultruy à droit defprifé,
qui premierement ne fe defprife.

necefsité

O.

necesité, est de raison la moitié.
nul ne doibt estre tesmoing ouy,
n'en sa propre cause auoir audiuy.

O.

OV Dieu veut, il pleut.
où on donne, on prend.
où entre le boire, ist le sçauoir.
où n'y-a feu n'y a fumée.
où il n'y a que frire n'y a plaisir.
où ya ordre, n'y a que remordre.
où rien n'y a, le Roy perd son droit.
où pain faut tout est a vendre.
où paix est, Dieu est.
où est raison, n'y a confusion.
où justice deffaut, paix deffault.
où paix deffault guerre abonde.
où manque la police, abonde malice.
où chiens y-a, pulces y-a.
où y-a pain, y-a sourriz.
où femmes y-a, silence n'y a.
où l'or abonde, il succóbe lágue facóde.

---

on ne cognoit point le vin au cercle.
on doibt dire bien du bien.
on doibt honnorer les bons.
on doibt supporter les fols.
on ne cache pas aguilles en sacs.
on ne prend pas lieures au tabourin.

on lie

O.

On:
- lie bien le sac auant qu'il soit plein.
- ne peut faire d'vn coulõb espriuier.
- boit sur vn oeuf, cõme sur vn boeuf.
- crie tant Noël qu'il vient.
- n'abbat pas vn chéne, au premier (coup.

On cognoit bien:
- mouches en lait.
- le beau entre le laid.
- au pomier la pomme.
- à la barbe l'homme.
- le maitre au vallet.
- porpoint au collet.
- fols nourris de cresme.
- tout hormis soy-mesme.
- l'iuroigne, à la troigne.

Oncques:
- geline n'aima chappon.
- villain n'aima noble homme.
- putain n'aima preud homme.
- punais ne fut bon barbier.
- saultier bon escolier.
- conuoitise ne feit grand mont.
- cendrier ne fut bon guerroyer.
- dormeur ne feit bon guet.
- vanteur ne fut grand faiseur.
- foulon ne caressa charbonier.
- tripiere n'aima harenguiere.

Oncques

O.

Oncques
{ souhait n'emplit le sac.
en chaud four ne creut herbe.
d'estoupes bonne chemise.
de putain leale amie.
mastin n'aima leurier.
brouillard n'aima bon ouurier.
jambon ne fut que bon.

Ou seruiteur veut estre maistre,
　l'herbe fait à son maistre paistre.
Oüir, veoir & se taire de tout,
　fait l'homme estre bien venu par tout.
On donne les offices & promotion,
　& non prudence ny discretion.
Oy, voy & te tay, si veus viure en paix.
Or est, qui or vaut.
On dit par tout le monde,
　qu'ou famille croit & abonde,
　qu'elle escure bourse & monde.
On ne doibt juger d'homme ne de vin,
　sans les éprouuer soir & matin.
On prend les bestes par les cornes,
　& les hommes par les parolles.
Où ceste vie prend fin,
　commence mort ou joye sans fin.
On prend plus tost vn menteur,
　qu'vn aueugle ny vn boiteux.
❋ R C A O R L A pésez bié A V O Z C A S,
　　　　　　　　　　　　argent

O.

argent contant fait plaider AVOCAS.
On dit cômunemēt en villes & villages,
que les grāds clercs ne sont pas les plus
Oisiueté est mere d'impudicité. (sages.
Orgueil n'a bon oeil.
Ou femmes y-a enfants oisons,
　caquets ne manquent à grand foison.
On dit en vn commun vsage,
　fol qui se tait semble bien sage.
On croid d'vn fol le plus souuent,
　qu'il soit grand clerc au vestement.
Ou la vieille bale & carole,
　grand poussiere s'eleue & vole.
　　ORDVRE SANS ORDVRE.
Ou il n'y a que macher n'y que frire,
　n'y-a deduit ny grand plaisir.
Ou le loup habite,
　ne comet daim ne delict.
On ne cognoit en la prosperité,
　le bon amy mais en aduersité.
On dit en vn commun langage,
　qui trop parle n'est pas sage.
Ou le loup trouue vn aigneau,
　il y en cerche vn nouueau.
Oüir veoir & taire, par mer & par terre.
On ne peut faire d'vne colōbe vn épri-
Ou faute y a du cuir du lion,　　(uier.
　　　　　　　　　applicquer

applicquer y côuiêt la peau du regnard
Ou vn beau fy, ou vn beau non.
Oings le villain il te poignera,
   poing le, il t'oignera.
              ⎧ aller à meures fans hauer.
On ne   ⎪ enfeigner les chatós à forifer
doibt pas ⎨ mettre les étoupes pres le feu
              ⎩ femer les poulx és vieilles
Oncques amour ne feigneurie, (pelices.
   s'entretindrent grand compagnie.
Oir dire va & vole par tout,
   & s'il s'egarre vn méteur le radreffe en
Ouurier gaillard, cele fon art.   (court.
Ou femme gouuerne & domine,
   tout va fouuent à ruyne.
On croid d'vn grand fol bien fouuent,
   qu'il foit grand clerc au veftement.
Obmettre de bien faire,
   eft à raifon contraire,
              ⎧ fouffler & humer enfemble.
On ne   ⎪ feruir à deux feigneurs.
peut   ⎨ mal faire à vn pot rompu.
              ⎪ courrir & corner.
              ⎩ faire d'vn hibou vn efpriuier.
Ou paix eft, Dieu eft,
   & ou y-a guerre tout n'en vaut guere.
Orgoeil n'a bon oeil.
                                          NOTA.

O.
NOTA.

Ou ny-a subjection,
  n'y a roy ne rayon,
  ou il n'y a roy, n'y a aloy,
  & ou manque justice, manque loy.
Ou regne & domine sensualité,
  n'a lieu ne demeure raison n'equité.
Vel. Ou sensualité domine,
  moult est proche sa ruyne.
Ordre, moyen & raison,
  regissent la maison.
Ou manque & deffault le courage,
  force languit en tout ouurage.
Orgueil est de tous vices la racine,
  & humilité de tous biens la royne.
On mene le boeuf en vain à l'eau,
  n'est qu'il ait soif ou par trop chaud.
On ne doibt espargner blé de meunier,
  vin de curé ne mois pain de fournier.
On ne se peut de larron priué garder,
  ny de la mort escarter ny eschapper.
Ou il y-a merde ou fol,
  paroit & appert bien tost.
On prend plus tost vn menteur,
  qu'on ne fait vn boiteux.
Ou le diable ne peut aller,
  sa mere tache d'y mander.

Ouir

P.

Oüir ne veoir ne faut,
　ce que rien ne vaut.
Ou manque heur & auenture,
　vaine est diligence & cure.
Oüir veoir & taire,
　sont choses ardues à faire.
Ouaille cornüe & vache pançue,
　ne la change & ne mue.
　Par ce qu'elles sont les meilleurs.
Once d'estat liure d'or.
Ou il n'y a bon chef ne roy,
　suruient meschef & tout desroy.
Oüir veoir & se taire de tout,
　nourrit concorde & paix par tout.
Oison VERDBON GRISON guerbó.
Vel. OISONET VERDBONET,
　GRISONET GVERBONET.
　Il vient de l'Italien contenant,
　buon paparo Cattiua occa.
Oüir dire va par la ville.
On doibt lier à son doigt,
　l'herbe que tres-bien on cognoit.

P.

PRospere est la ville & cité,
　ou vertu est en dignité.
　Peu parler est or,
　& le trop vile & ord.

L　i　　　pied

P.

pied de montaigne & port de mer,
   font enrichir & proffiter.
poyres & femmes sans rumeur,
   sont en pris & grand valeur.
par la blanché gelée,
   la pluye est presagée.
pense à la mort, qui pinse & mord.
petit gueu, petit pot & petit feu.
poureté exercice & inopie,
   maintiét l'hóme en santé & lógue vie.
petit destourbier semble grand,
   à cil qui n'a loisir ne temps.
par trop parler & estre mut,
   lon est souuent pour fol tenu.
peu, paix, & bon lieu,
   sont vrais dons de Dieu.
plusieurs ont moult plus de credit,
   qu'vn seul par son serment ne dit.
parle peu & bien,
   il t'en prendra bien.
pain dur, lit rude & vin gasté,
   est la vie du soldat rusé.
parolle de Dieu est à la table,
   tres-bien seante & commendable.
pris & valeur de la santé,
   se cognoit en infirmité.
prendre ne doibs à la chandelle,

l'or,

P.

l'or, toile ne moins vne pucelle.
Le prudent doibt tout moyen cercher,
   auant les armes apprehender.
passereaux comme aussy moyneaux,
   sont deux fins & tresfaulx oiseaux.
poureté excuse seruiteur.
presents & dons,
   brisent roches & monts.
parolles sont femelles,
   & les faits masles.
promettre est veille de donner.
peché engendre la mort.
pain sec fait deuenir ethic & muet.
peché du Prince ou du Seigneur,
   cause aux subjects pleur & doleur.
perdris est perdue,
   sy chaude n'est repue.
plumes sont englumes.
poureté fait maints vertueux,
   & la loy les hommes bons & preudx.
pour son honneur entretenir,
   promettre ne faut sans le tenir.
parolles entre les gents,
   & en seul Dieu les faits.
papier est doulx: & endure tout.
plante du pied seiche,
   & bouche freische.

P.

Le. Poil (dit bachus) du mesme chien,
 est au pion souuerain bien.
Le. Prince fault qui de tous se fie,
 aussy fait qui de tous se deffye.
La. Parolle est l'ombre & l'image,
 de chascun oeure en tout ouurage.
Porcelet d'vn mois oison de trois,
 est manger de Prince & de Roys.
Poisson gorret cochon ou cochin,
 la vie en l'eau la mort en vin.
Peuple seur n'a mestier de mur.
Paresseux, est tousiours diseteux.
Par tromperie & par art,
 on vit de l'an vne bonne part.
Par sagesse & follie,
 on passe l'autre partie.
Pense de loing en ta prosperité,
 que suruenir te peut aduersité.
Pense que c'est vertu fort singuliere,
 de moderer sa langue par maniere.
Pour beau parler ne pour sçauoir,
 nul n'est prisé s'il n'a auoir.
Poisson au soleil & chair à l'ombre.
Parlez peu escoutez assez,
 & jamais vous ne faillerez.
Priser conuient chose vertueuse,
 & abhominer toute oeure vicieuse.

poureté

P.

Poureté abaisse courtoisie.
Peché vieil penitence nouuelle.
Pas à pas on va bien loing.
Peu de bien peu de soucy.
Pasques vieilles ou non vieilles,
  ne vienent jamais sans foeilles.
Pisse cler, & fay la figue au medecin.
Plaisir engendre esperance,
  & desplaisir vengeance.
Poureté est par tout reclamée.
priez le vilain il en fera moins.
Peu de barbe soubz blesme couleur,
  monstre homme de peu de valeur.
  DICTON.
Parens sans amis, amis sans poüoir,
  poüoir sans vouloir, vouloir sans effect
  effect sans proffit, proffit sans vertu,
  ne vaillent pas vn festu.
Prens accointance des preux,
  & deuiendras comme eulx.
Petite conscience & grande diligence,
  font l'homme riche en valence.
Petite pluye abbat grand vent.
Pour vn plaisir mille doleurs.
Paresseux en jeunesse,
  souffreteux en vieillesse.
Porte serrée teste gardée.

L 3   petit

P.

petit homme abbat bien vn grãd chefne
  & doulce parolle grande ire.
pacience paſſe ſcience,
  & qui ne l'a n'a pas ſcience.
plus penſer que dire veoir taire & oyr,
  ne peut à perſonne nuir.
parolles ſont femmes,
  mais les faictz ſont maſles.
par don auſſy par preſent,
  pardon & grace à preſent.
prendre conuient en gré & bien,
  tout ce qui vient ſoit mal ou bien.
peu ne trop n'eſt pas la juſte meſure,
  mais du moyen, ayez touſiours cure.
pour auoir grace & remiſsion,
  prier conuient ſans intermiſsion.
par ſçauoir vient auoir,
  & pour ſçauoir duit auoir.
plume nourrit, plume deſtruit.
pincer l'oreille l'homme reueille.
pour ſoy recouurer, conuient ouurer.
par trop ſonger cerueau ronger.
peuple ſans blé, mal aſſemblé.
paroy a l'oreille,
  qui touſiours veille.
parler bland & begnin,
  rarement ſans venin.

                        peu de

peu de bien, rallegre le poure bien.
parolles laides vaines & scandaleuses,
　sont offensibles & dangereuses.
pour neant plante, qui ne closts.
DICTON.
Paix engendre prosperité,
　de prosperite vient richesse,
　de richesse orgueil & volupté,
　d'orgueil contention sans cesse,
　contention la guerre adresse,
　la guerre engendre poureté.
poureté humilité,
　d'humilité reuient la paix,
　ainsy retournent les humains.
petite compagnie vie alaigre & lie.
　Instruction du bon Pere à son filz.
prens femme bien vestue,
　escarte toy de frontiers,
　achete paix & maison faicte,
　& garde toy de vieille debte.

---

poisson faict poison.
peu ayde, & rien n'aide.
NOTE.
prendre conuient en pacience,
　ce qu'est perdu pour penitence,
　car d'y penser n'est pas prudence,
　　　　　　　　sage est

P.

sage est donc qui plus il n'y pense.
Pere gaigneur, enfant gaspilleur.
Paresse ne feit onques prouesse.
Prosperité, d'amis fideles a necessité.
Pour desarmer charnalité,
  fuir conuient oisiueté.
Pour mener bonne vie & pure,
  conuient art ordre & mesure.
Plaisir & allegresse, tost viét & bien tost (cesse.
Pour dormir ne pour aller nud,
  lon ne bat & ne foüete nul.
Parolle de bouche & pierre ruée,
  qui les rattend perd sa journée.
Petit pot qui par trop boult,
  perd saueur & goust.
Vel. pot par trop boulant,
  perd saueur ou se respand.
Pour moult grasse que soit la geline,
  elle a mestier de sa voisine.
Parler on doit comme le commun,
  & tenir & sentir comme vn.
Pis vaut le rompu, que le descousu.
Passée la feste, le fol en blanc reste.
Proces tauerne, & vrinal,
  chassent l'homme à l'hospital.
Peu a mestier de sens & d'art,
  cil à qui fortune n'est maratre.

pardonner

P.

pardonner au delinquent,
  est bien facil s'il se repent.
par ire aduient maint accident,
  qui la refraind est tresprudent.
prens femme egale ou mineur,
  si tu en veux estre seigneur.
pour bien seruir & leal estre,
  on void souuent le valet maistre.
pour fuir gens de meschant vie,
  s'en escarter y remedie.
pis vaut vn coup de langue,
  que trois despieus ne de lance.
poure est la muse,
  qui ne trouue son excuse.
petit homme, petite somme.
peine & labeur requierent guerdon.
poure est qui Dieu hait.
pour vne chose bien entreprendre,
  temps & conseil conuient attendre.
poureté n'aüra jamais vent à voile,
  tant que le grand tiranise le foible.
poureté prend tout en gré.
par vertu & grand diligence,
  lon acquiert biens en affluence.
prosperité, amour fumée ne toux, (tous.
  longuement ne peüent estre cachez de
pestilence n'est pire entre vn milier,

L 5 qu'vn

p.
qu'vn ennemy priué & familier.
prieres ont poüoir & vertu,
 deuant Dieu & les hommes.
petit mesnage,
 grand repos & soulage.
pere gaigneur & gardeur,
 filz gaspilleur & gasteur.
petite pluye abbat grand vent, (ment.
 & douce parolle mitigue haut tence-
plaute escrit en carte ou beau parchemi
 qu'vn homme joyeux vaut vn char par
par mauuaise compagnie, (chemin.
 le jeune se desuie.
pasques des long temps desirées,
 sont en vn jour tost passées.
promesse d'amours par coustume,
 est plus legere qu'vne plume.
pape par voix Roy par nature,
 Empereur par force.
poureté & maladie en vieillesse,
 est vn vray magazin de tristesse.
poureté nuict tant seulement,
 à qui ne l'a porte patiemment.
pómes, poires & noix, font gaster la voix
peu ou rien ne proffite proüesse,
 ou raison manque & justice cesse.
pour gens fuir de meschante vie,
         s'en

p.

s'en escarter y remedie.
par parolles encore plus par faicts,
　cognoit on sages & fols parfaicts.
prosperité engendre grande amitié,
　& d'icelle faict épreuue aduersité.
prosperité, est soeur d'aduersité.
　　　　　DICTON.
prelat irreuerét, & qui de dieu n'a cure,
pasteur nonchalāt des brebis de sa cure,
prince seuere & inclement,
　　belle femme variant' à tout vent,
　　cheualier qui sans cause son pais
　　　　　vend & engage,
　　chambriere qui de courrir à matines
　　　　　faict vsage,
　juge coustumier de métir & ordinaire
　echeuin tournât le droit au contraire,
　vieil homme ententif & vacant à mal,
　moyne par trop à cheual,
　jeune escolier troitier & amoureux,
　poure homme de vin cognoissant
　　　　　& conuoiteux,　　　(guise,
　sont vne dousaine de gens d'estrange
　de peu d'estime & de basse mise.

─────────────────────────────

par le mal comme par le bien,
　lon cognoit l'vn & l'aultre bien.

　　　　　　　　　　　　par

P.

Vel. Par le bien aussy par le mal,
　lon cognoit le bien & le mal.
Le. Parler doulx & begnin,
　est rarement sans venin.
Pour fuir plus grand detriment,
　moderer fault le chatiement.
Poureté, mere de salut & santé.
Prosperité est envyée de malignité.
Plaisir souuent cause desplaisir.
Prudence de femme,
　vole comme la plume.
Peur est grand inuenteur.
Prosperité humaine,
　est suspecte & vaine.
Promesse iniuste, effraindre est iuste.
Vel. Promesse iniuste tenir n'est iuste.
Pour bien gouuerner vn mesnage,
　conuient vn homme prudent & sage.
Petite pluye abbat grand vent,
　doulce parolle mitigue torment.
Pescher en eau trouble,
　est gaing triple ou double.
Par l'apparence exterieur,
　se manifeste l'interieur.
Pren le premier conseil de la femme,
　non le second pour le plus ferme.
Parolle de roy n'a desroy.

pasa

P.

PASA PASAGE.
par l'oeil l'oreille & par l'espaule,
  Dieu a tiré trois Roy de Gaulle.
Vel. par l'oreille l'espaule & par l'oeil,
  Dieu a mis trois Rois en cercueil.
pour peu de faits, souuent grāds plaids.
Plus { penser que dire.
       a le diable, & plus veut.
       gele & plus estraind.
       vaut auoir, qu'espoir.
Peu { parler bien besoigner.
      de biens, peu de soucis.
      de temps suffit pour mal faire.
      à peu va on bien loing.
      à peu, mange le loup l'oye.
      à peu on apprend.

---

plus grand blame merite vn vanteur,
  que ne fait vn tres-grand menteur.
Prudence enseigne à viure par raison,
  là òu elle est heureuse est la maison.
Propice au monde & a Dieu acceptable,
  ne peut estre hôme sās estre charitable
Porte serrée, teste gardée.
Pain & beurre & bon fromage,
  contre la mort est la vraye targe.
Petit à petit se perd l'apetit.

pardonne

P.

pardonne à tous & à toy rien.
pecune ne patit repulse aulcune.
pierre souuent remuée,
 de la mousse n'est velée.
poures chetifz & mal-heureux,
 ne sont subjects à enuieux.
poures gens n'ont amis ne parents.
par elargir & presser,
 on void lesponge boire & plouuoir.
par petis chiens lieure est trouué,
 & par les grands prins & happé.
petite estincelle luit en tenebres.
pour bié juger, partie conuiét escouter.
prouision faite en saison,
 & despendre par ordre & raison,
 rend l'homme riche en sa maison.
pour moult braire ne pour pleurer,
 oreilles ne doibs à flateur prester.
pain leger pesant fromage,
 pren tousiours si tu es sage.
pour viure au monde honnestement,
 gaigner conuient bien justement.
plusieurs vallets & seruiteurs,
 force caquets & grands rumeurs.
plaisir attenüe labeur & peine.
pour neant demande conseil,
 qui ne le veut croire.

pere

P.

pere trop piteux.
  rend ses enfans mal-heureux.
par-trop cuider pas il ne faut,
  tel pense bien haut monter qu'il faut.
pecheur, a tousiours peur.
pour amitié bien conseruer,
  conuient parois entreposer.
petites querelles & noisettes,
  sont aguillons damourettes.
pour vray sage ne tien celuy,
  qui n'est sage que pour aultruy.
parolle de fol & beauté de putain,
  qui grain les prise & loüe labeure en
porter daim à tous est facile,   (vain.
  & vtilité difficile.
platon asserre ce que le glouton nie,
  q̃ moins massacre le glaiue q̃ glotonie
peu proffite d'estre exterieuremẽt armé
  si l'ennemy est interieurement fourré.
païs fertil & moult fecond,
  engendre & rend maint vagabond.
peu peut donner à son escuyer,
  qui son cousteau voyons licher.
pour donner au diseteux,
  nul ne peut estre souffreteux.
poure vieil & goulu,
  est tost depoüillé & nud.

pense

PENSE A LA FIN.
Porte ouuerte & patente,
   le juste & le sainct tente.
Promesse reueille paresse.
Par bien seruir & loyal estre,
   de seruiteur on deuient maistre.
Pluye de feburier, vaut vn fumier.
Petite brebiette tousiours seble jeunette
Pour poure personne, guere on ne sône.
Par trop cruel à son ennemy,
   rude sera à son amy.
Petit à petit vient l'appetit.
Pain couché maistre leué.
Petit homme abbàt bien grand chesne.
Pres du monstier, à messe le dernier.
Plus apprend tel qui se tait,
   que tel crie bien haut & brait.
Poissons & enfants,
   en eau croissants.
   Du Latin contenant.
   pueri lauando crescunt.
Poëtes peintres & pellerins,
   à faire & dire sont deuins.
Plus a apprins qui se sçait taire,
   qu'iceluy qui ne fait que braire.
Petit mesnage, grãd repos petit potage.
Plus facile est d'oeure juger,
                              q'uil

P.

qu'il n'eſt en l'oeure beſogner.
Par preſter ennemy deuient amy,
  & amy ſouuent ennemy.
Pour l'amour du cheualier,
  baiſe la dame l'eſcuyer.
Petites pucelles ſont enſemble belles.
Petites roües portent les grands faiz.
Pour ſouhaiter pour peter ne veſsir,
  il n'eſt beſoing hors de ſon lict iſſir.
Petite cuiſine aggrandit la maiſon.
Poiſſon qui cerche le haim,
  cerche ſon propre daim.
Pour mener vne bonne vie,
  art, ordre & regle y remedie.
Pour teſmoing jamais ennemy,
  ne ſoit reçeu n'y moins admy.
Premier leué, premier chauſſé.
Païs deſert & deſolé,
  de forains ne ſera peuplé.
Pomes de ribauds, comme les perdris,
  au Noël ont ſaiſon & pris.
Plus fait celuy qui veut,
  que celuy qui peut.
Plus couſte mal faire que bien.
Plus court auenture, q̃ cheual ne mule.
Plus donne qui peu & de ſon gré,
  que qui plus tard & à regré.

P.

Pain tant qu'il dure,
　mais vin à mesure.
C'est à dire de pain ventre plein,
　& de vin vn taſtin.
Paix & pacience,
　& mort auec penitence.
Paroles d'angelot, ongles de diablot.
Penſe moult, parle peu, eſcry moins.
Par le petit chien le lieure eſt trouué,
　& par le grand il eſt happé.
Pain argus & bien oeillé,
　fromage taupe & aueuglé.
Peu de barbe & roux de couleur,
　ſoubz le ciel il n'y a pejeur.
Pour faire vn larron fidel,
　de luy ſe conuient fier.
Premier venu premier repeu.
Par la choſe que l'homme a peché,
　par la meſme ſera tormenté.
Penſe à Dieu en tout lieu & pas,
　& il ne te te laiſſera pas.
Par mauuaiſe compagnie,
　enfans menent mauuaiſe vie.
Poures chetifz & mal-heureux,
　ne ſont ſubjects à enuyeux.
Pres de l'egliſe & du monſtier,
　vient à la meſſe tout le dernier.

　　　　　　　　　prodigue

Prodigue & grand buueur de vin,
   fait rarement four ne moulin.
Pour deuenir bien aife & riche,
   fois diligent prudent & chiche.
      Admonition dorée de S. P. Ap.
Portez honneur à tous,
   aimez fraternité,
   craignez Dieu,
   honnorez le Roy,   (ſtres.
ſoyez ſubjectz à voz ſeigneurs & mai-

Q.

Quand {
  Dieu ne veut, le ſainct ne peut.
  bien vient coeur fault.
  argent fault, tout fault.
  le jour croiſt, auſſy fait le froid.
  Dieu veut, par tout pleut,
  le bon proſpere, chàcun proſpere.
  la feſte vient, garde la bien,
  elle eſt paſſée, laiſſe l'aller.

Qui {
  ayme Dieu, eſt ſeur en tout lieu.
  tient bon ordre, ne peut tordre.
  vit il oit, & void.
  a art & office, a benefice.
  langue a, à Rome va.
  tard arriue mal loge.
  aultruy blame, ſe condemne.

Q.

Qui
- ne veult rendre,
    commet dol de prendre.
- pardonne au meschāt, offense le bō.
- sert au commun,
    n'est salarié d'aulcun.
- a vne vertu,
    d'aultre est promptement reuestu.
- a bon chef, est franc de méchef.
- d'aultruy bien se vest,
    tost se déuest.
- bien dort, pulce ne sent.
- mal-heur reueille,
    à souffrir s'appareille.

Qui
- fuit le jugemét, condemné se rend.
- seme bonnes oeures,
    recueille bon fruit.
- veut bien viure, ne s'eniure.
- prend il se vend,
    ou villain est s'il ne rend.
- plaisir fait, plaisir attend.
- n'amorce son haim, pesche en vain.
- fait le peché, attende la penitence.
- respond il paie, & le sien respand.
- tousiours gaudit,
    fera petit mont & proffit.
- se tait, consente le fait.

rit

Q.

rit par trop, a nature de fol.
ne rit point a nature de chat.
seme vertu, recueille bonne fame.
seme espines n'aille deschaud.
de l'oeil void, de coeur croid.
premier prend, ne s'en repent.
prie le vilain, s'affatigue en vain.
moins despend, plus despend.
pour aultruy prie, ne s'oublie.
va doucement, va seurement.
hante cuisine, vit de fumée.
va & retourne, fait bon voyage.
son doigdt sain lye, sain le délye.
Qui vit il voit: qui tousse il boit.
mal se marie: tost se marrit.
veut payer, bien se laisse lier.
plus mange, moins mange.
moins mange, plus mange.
eloigne de l'oeil, eloigne de coeur.
va le plain, va sain.
a faute d'heur, vie luy surrabonde.
mange verdure, dechasse malauétu-
sert & ne parsert: son loyer perd. (re
loüe son engeāce, loüe chose estrāge
a terre, ne vit sans guerre.
l'aultruy dóne, fait folle aulmosne.
cóméce & ne parfait, sa peine perd.

M 3 n'a

Q

Qui
- n'a santé sens, raison ne bien,
 ne peut auoir joye ne rien.
- prend & ne rend, sa liberté vend.
- a la galle, se grate & galle.
- fol naquit: jamais ne guarit.
- doibt pendre ne peut noyer.
- a pecune, sage est tenu par fortune.
- vient le dernier, pleure le premier.
- tient il boit, qui verse il doibt.
- vit à taille & à compte, vit à honte.
- vin embouche, pour vin desbourse.
- prestemét se determine, à loisir se re
- dóne le cheual dóne le frain. (pent.
- taille son nez, deffigure son visage.
- fuit la moelle, fuit la farine.
- fait haye: souuent dit haye.
- sçait la voye, ne se desuoye.
- s'esbat ne fiert & ne bat.
- demande ne commande.
- veut estre guarri du myre,
 son mal luy conuient descouurir.
- ayme aultruy plus que soy,
 au molin se meurt de soif.
- peut il veut, & qui veut il peut.
- craind Dieu, est seur en tout lieu.
- le plus hault est monté,
 n'est pas le plus asseuré.

qui

Q.

qui plus vit, plus languit.
qui a bon voisin, a bon matin.
qui cerche le mal, bien tost le trouué.
qui tard veut, ne veut.

DICTON.

Quand tous asnes aürót lógues oreilles
  & vn chàcun les doigdts pareils,
  que molins moudront sans eau & vét,
lors se tiendra le monde content.

Quine {
 se met en hazart, ne sera riche tost
 cóméce, ne peut acheuer.   (ne tard.
 fait, il ne faut.
 se mesure, guere ne dure.
 sçait l'art serre la bouticque.
 se fie n'est pas trompé.
 va à vn four va à l'aultre.
 recorde, souuent discorde.
 sçait dissimuler, ne peut regner.
 s'auéture, ne va à cheual ny à mule.
 desrobbe (dit macrobe) ne fait pas
}
nota que la regle est faulse.   (robbe.

Quand d'aultruy parler tu voudras,
  regarde toy tu te tairas.
Quand tout peché enuieillit,
  auarice rejeunit.
Quand oportet vient en place,
                               il est

M 4

il est besoing qu'on le face.
Quand les febues sont en fleur,
les fols sont en vigueur.
Vel. Quand les febues sont fleuries,
fols entrent en follies.
Quand il pleut & le soleil luist,
le pasteur se resiouit.
C'est par ce que l'herbe croist.

bien fera, le trouuera.
bien aime, bien chastie.
bon l'achete bon le vend.
attendre peut, a ce qu'il veut.
plus a, plus conuoite.
peu seme, peu recueille.
n'y peut auaindre y rue.
s'abaisse Dieu le haulse.
diable achete, diable vend.
souffre vainct.
n'a terre, n'a guerre.
par tout va, par tout prend.
cerche, il pesche.
est cendrier il seiche.
prend doibt rendre,
　ou l'enfer attendre.
a plus de plaids, a moins de faits.
tient verse & boit,
　est vilain en tout endroit.

　　　　　　　　　　l'arbre

l'arbre ame, ne hait la rame.
paye sa debte, fait grand' acqueste.
coupe son nez, defigure son visage.
rien ne porte, rien ne luy chet.
tant l'aime tant l'achete.
sans gâts fait haye: dit à la fois haie.
a marastre: a le diable en l'astre.
loüe S. Pierre, ne blame S. Pol.
tard se marye: mal se marie.
premier prend: ne s'en repent.
prie & mendie, ne mesdie.
entre en nef, n'a pas vent à gré.
vit il void, & oit.

Qui plus ard plus resplendit.
fait vn fer cent en sçait faire.
seme bon grain, recoeille bon pain.
d'honneste femme est separé,
  d'vn don diuin est priué.
trop au jeu s'amuse,
  souuent se trompe & s'abuse.
est tenu sage de jour,
  de nuit ne sera fol ne lourd.
n'a cheual, nef, ne chariot,
  ne charge pas quand il voudroit.
veut oüir des nouuelles, (belles.
  au four & au molin on en dit de
en maints lieux son coeur espard,

Q.

Qui {
part tout a petite part.
a d'affaire à meschants gents,
   aura la guerre maulgré ses dents.
a des noix il en casse,
   qui n'en a: il s'en passe.
cerche garison du myre,
   luy conuient son meshaing dire.
a d'affaire a gents de bien,
   ne luy doibt challoir de rien.
ne nourrit le petit,
   n'aura ia le grand.
ne craind honte, n'aura ja honneur.
garde de son diner,
   mieulx en a à son souper.
a fait la guerre, face la paix.
a fait la cappe, face le chaperon.
d'hóneur n'a cure, blame est sa droi-
bien veut parler,   (ture.
   bien se doibt pourpenser.
au digne fait bien,
   ce faisant fait le sien.
gaigne bien & bien despend,
   n'a mestier bourse pour son argét.
sçait mestier, figue à dangier.
boit auec son hoste,
   paye souuent la maltote.
a plus de plaids, a moins de faits.
               qui vit

Q.

vit sans compte, il vit a honte.
ayme l'arbre ayme la branche.
d'aultruy prend, subject se rend.
en haste se marie, à loisir se repent.
boit au pot, ne boit prou ne trop.
menace son ennemy,
   combatre ne veut encontre luy.
ne donne ce qu'il ayme,
   n'aüra ce qu'il affecte & brame.
Qui { auec mal plaisant se couche,
   souuent sur luy le vent se jouche.
void & cele le mal qui se commet,
   participant du crime fait il est.
se confie en sa richesse,
   il tombera en grand detresse.
farde sa barbe ou son visage.
   fidel n'est tenu ne guere sage.

Qui void sa viande habiller,
  souuent est saoul sans en gouster.
    Dicton de C. Marot.
Quant au portage du drap plus noir
      que meure.
hypocrisie en a taillé l'habit,
dessoubs lequel tel pour sa mere
     pleure.
qui bien voudroit de son pere l'obit.

Q.

Qui suit les bős, boiera sans doubtãce,
mais tout mal viét de mal accointance.
Qui au conseil sans appeller approche,
  est imprudent & digne de reproche.
Qui est coüard & paresseux,
  mourra chetif & mal-heureux.
Qui bien dort pisse & crolle,
  n'a mestier de Maistre Nicolle.

NOTE.

Qui a argent on luy fait feste,
  qui n'en a point n'est qu'vne beste,
  ains est tenu pour vn grand fol,
  fust il bien sage comme vn sainct pol.
Qui soupe & puis s'en va coucher,
  bien se rezique de s'amaller.
Qui de tout se tait, de tout a paix.
Qui se mesle d'aultruy mestier,
  trait sa vache en vn panier.
Qui sert à peché & à vice,
  attende pour guerdon gref suplice.
Qui en bien ne perseuere,
  à soy mesme est moult seuere.
Qui au poure fait aumosne,
  preste à vsure & ne donne.
Qui vient & entre en ceste vie,
  entre en misere & maladie.
Qui vit charnellement,

ne peut viure longuement.
Qui le meschant n'ayme & ne suit,
　luy fait la guerre & le poursuit.
Qui prend la femme pour son bon dost,
　à liberté il tourne le dos.
Qui a peu de bien,
　ne craind brin ne rien.
Qui pour la vieille préd nouuelle voye,
　souuent s'esgarre & se fouruoye.
Qui n'a que quatre & despend sept,
　n'a mestier bourse ny de boursette.
Qui de Dieu est aymé,
　de Dieu est visité.
Quand Dieu veut aucun chastier,
　de ses sens le fait varier.
Vel. Quand Dieu veult quelcun punir,
　de son sens le laisse issir.
Qui pense pour son frere & son proche,
　à son propre proffit s'approche.
Qui du mal ignore l'origine,
　n'ordonne à l'inferme medicine.
Vel. Mal peut curer l'infirmité,
　qui n'en cognoit la qualité.
Qui de follie est enferme,
　est en poure & piteux terme.
Quand vn noyseux vient en place,
　sagement faict qui s'en desplace.

qui

Q.

Qui fait de son serf maistre,
　c'est raison qu'on le mene paistre.
Qui veut estre bien en tous lieux,
　laisse dire folz sages jeunes & vieux.
Qui se marie ou edifie,
　sa propre bourse purifie.
Qui ne sçait refrener sa bouche,
　sent à la fois de main la touche.
Qui à esconduir est propre & propice,
　reçoit grand part du don & benefice.
Qui n'aime mieux paix que guerre,
　n'est pas digne de viure guere.
Qui ne se met à l'auenture,
　ne trouue cheual ne monture.
Quand voyons vn pied glisser,
　l'aultre est en bransle de tomber.
Qui a honte de labourer,
　a honte de manger.
Qui est soigneux & diligent,
　acquiert science, honneur, argent.
Quand la teste a peine,
　chacun membre se demeine.
quand le veau ou l'enfant est noyé,
　de coustume on couure le fossé.
quand on te loüe en vertu ou science,
　de ce sois juge en ta propre cóscience.
quand tu n'acquis tu n'auois rien,
　　　　　　　　　　　　pren

pren donc en gré ton petit bien.
qui laue la teste a bien vn jour,
　qui tue vn porceau vn mois,
　qui se marie vn an,
　qui se fait moine toute sa vie.
qui veut nager contre le flot,
　est bien enragé, fol ou sot.
qui veut dresser vn cercle le doit fleschir
qui mesparle d'aultruy,
　se brusle la langue & destruit.
qui du monde separe l'amitié,
　oste du soleil la clarté.
quiconque a honte de dire oüy,
　decline ouum trouura ouy.
quand la mer sera sans eau,
　le loup se marira à l'aigneau.
qui ose prendre le veau,
　osera prendre vache & tropeau.
qui est trop endormy,
　doibt prendre garde à la formy.
qui ne peut, comme il veut,
　vueille comme il peut.
qui fait ce que ne doit,
　luy àuiendra ce que ne voudroit.
qui veut frapper vn chien,
　facilement trouue vn baton.
quand orgueil precede,
　　　　　　　　　　honte

Q.
honte & dômage le fuiuét de blé pres.
NOTE.
Quand le froment est au champ,
   il est a Dieu & à ses saincts,
   & quand il est au grenier,
   lon n'en a point qui n'a denier.
Qui temps a & temps attend,
   temps perd puis s'en repent.
Qui a beu toute la marée,
   bien en peut boire autre gorgée.
Qui prend belle femme n'est pas sienne,
   qui la prend l'aide, tost l'allaide,
   qui riche, est à son seruice,
   qui la prend poure, vit en misere.
Qui n'a pu... n poure ou sot en sa pareté
   n'est de la... pe ne de meiche.
Qui laue la teste à l'asnon,
   perd sa lissiue, peine & sauon.
Qui achete office, reuend son office.
Qui veut enrichir en vn an,
   se face pendre en six mois.
Qui donne cher vend,
   sy villain n'est celuy qui prend.
Qui de l'oeil void, de coeur croid.
Qui ne fait comme loye,
   à courte vie & breue joye.
Qui la mort abhorre elle le fuit,
                                            & qui

& qui la craind, de pres le suit.

qui
tout
- veut, de rage se meurt.
- veut tout perd.
- despend tard s'en repend.
- mange, tout aualle.

qui
rien
- n'a, rien ne doibt.
- ne fait rien n'apprend.
- ne sçait, rien n'est.

qui
bien
- vit, le bien le suit.
- fera, bien aüra.
- lie, bien deslie.
- vit, bien meurt.
- sert, secretement demande.

qui
mal
- entend: pis respond & repend.
- vit, son propre mal le suit.
- fera, bien n'aüra.
- se marye, tost se marrit.

qui
trop
- parle, n'est pas sage.
- se haste, tout gaste.
- embrasse: peu estraind.
- court: moult se lasse.
- conuoite: peu amasse.
- boit tard paye ce qu'il doibt.
- se fie n'aüra joyeuse vie.
- se vante, en merde se plante.
- au jeu s'amuse, se deçoit & s'abuse.

quand Italie sera sans poizon, France

France sans trayson, Angleterre sans
　sera lors le monde sans terre. (guerre,
qui a le bruit de se leuer matin,
　peut bien dormir grasse matinée.
qui boit & mange sobrement,
　vit de coustume longuement.
qui a fourmage pour tous mets,
　peut bien tailler bien espez.
qui vit comme chat & chien,
　jamais n'a repos ne bien.
qui loüe S. Pierre, ne blasme pas S. Pol.
qui a nauires & à femmes à d'affaire,
　c'est chose penible & toufiours à refai
　　　　　NOTE.　　　　　　(re.
qui saisit le verd pour le sec,
　& la fleur gaye pour la fanée,
qui pour le bond perd la volée,
　& pour le plein prend la vallée,
n'est estime pour bon joüeur,
　ne moins tenu pour bon courreur.

qui ne veut endurer ne soufrir,
　en ce monde ne doibt naistre ne surgir.
qui est coulpable & ne l'est tenu,
　peult mal faire & n'en estre creu.
qui sert & ne parsert, son loyer perd.
qui perd contentement,
　　　　　　　　　　　　　　perd

Q.
perd tout entierement.
qui veut viure sans peur,
　face bien & parle peu.
qui de l'oeil void, de coeur croid.
qui dort en Ougst, dort à son coust.
quand Dieu mande la farine,
　le Diable toult le sac.
qui aux ignorants se monstre sçauant,
　des sages est reputé vray ignorant.
qui justement vit ne luy doibt chaloir,
　qu'on die de luy car pis n'en peut va-
qui a fait la cappe, 　　　　　　(loir.
　face le chapperon.
quād orgueil cheuauche ou va le gallop-
　daim & hóte le suiuét en groppe. (pe,
qui n'est diligent en sa jeunesse,
　poure sera en sa vieillesse.
qui tost juge & mal entend,
　faire ne peut bon jugement.
qui prend vieille femme,
　ayme l'argent de coustume.
quand le chef est flac & enferme,
　les autres mêbres sō au méme terme.
qcóque vieille laisse pour nouuelle voye
　souuét s'esgarre perd ou desuoie.
qui cerche pain meilleur que froment
　n'est à plaindre si faim le surprend.
N 2　qui

Q.
Qui n'est ouy, se doibt taire,
ne bien venu se retraire.
Qui de jour sage est reputé,
de nuict fol n'est pas estimé.
Qui aultruy blame,
se confond & diffame.
Qui desprise le bien & loüe le mal,
est au mauuais semblable & egal.
Qui plaisir fait, plaisir attend.
Qui côtre aultruy a cômis quelq̃ iniure,
d'aultruy conuiét qu'il la souffre & l'en
Qui en soy mesme par trop se fye, (dure.
il se deçoit & se desuye.
Qui son secret desclaire,
sa liberté engage.
Qui oidt & void & se tait de tout,
en repos vit, & en paix se couche.
Quereller en mariage,
n'accroist grain, bien, n'heritage.
Qui deuant soy ne regarde,
demeure à larierre-garde.
Qui commet le crime & l'office,
par'r en doibt la penitence.
Qui n'a amy ne vray germain,
n'a force en bras, jambe ne main.
Qui espere, ne despere.
Qui en la mer prend son refuge,

de son

de son mes-fait la tarre y purge.
qui doibt & à plaids s'auoisine,
a pure misere il s'enchemine.
qui traite la poix, s'ébroüille les doigdts
qui ne cognoit auoir erré,
n'aüra pardon de son peché.
quiconque se loüe de chose estrange,
merite estre corroné de fange.
qui veut viure entre tous diserts,
qu'il s'escarte és lontains deserts.
qui tard donne, fait chiche aumosne.
qui peut & n'empesche, peche.
Vel. qui peut empescher & n'empesche,
egalement mesuse & peche.
qui taire ne peut, parler ne sçait.
qui de science est amateur,
d'icelle en est ja possesseur.
qui a plus d'âge, est le plus sage.
Vel. Le plus âgé & plus chenu,
le plus sage doibt estre tenu.
qui paruenir veut à honneur,
n'estime traueil n'aulcun labeur.
qui peche apres remission,
merite double punition.
qui decele l'infamie de sa femme,
est vray tyran de sa propre fame.
qui ne se corrompt par prosperité,
ne sera

Q.

ne sera accablé d'aduersité.
qui à chascun faict preiudice,
　oublie son propre benefice.
qui publicquement quiert sa fame,
　soy mesme se honnit & diffame.
qui n'a point d'argent,
　n'a credit n'entregent.
qui vit sans conseil,
　peu luy prouffite haste ne traueil.
qui en sa prosperité met Dieu en oubly,
　en aduersité ne sera exaucé n'oúy.
qui se confie en son vaincu,
　souuent se retrouue deçeu.
qui ne rend auec bon surcreu,
　ne satisfait au bien reçeu.
qui fidelement dispense l'aultruy bien,
　prudétemét distribuira le sié. (souuét,
qui trop hault monte tres-bas chet bien
　petite pluye abbat soudain grãd vent.
qui veut dire mal d'aultruy,
　doit premier penser de luy.
qui de jour te verroit,
　de nuit ne te voudroit.
qui tue chat & chien,
　ne fait jamais bien.
qui va & trotte souuent de nuict,
　trouue à la fois qui trop luy nuit.
　　　　　　　　　　　　　　qui

qui eſt à couuert quand il pleut,
 eſt bien fol s'il ſe bouge & meut.
qui rien ne fait rien n'apprend,
 qui rien n'apprend n'a ſciéce ne parét.
qui l'a de nature,
 juſques à la foſſe luy dure.
  NOTE.
qui a des pois & du pain d'orge,
 & du lard pour oindre ſa gorge,
 auec cinq ſolz, & ne doit rien,
 il peut bien dire qu'il eſt treſ-bien.
qui eſt coulpable d'aulcun mesfait,
 touſiours péſe qu'on parle de ſon fait.
  NOTE.
qui n'a qu'vn œil ſouuent le torche,
 qui n'a qu'vn ſeul filz le fait fol,
 qui n'a qu'vn pourceau le fait gras.
QVI FEMM' A NOIS' A.
qui s'en va coucher ſans ſouper,
 ne ceſſe la nuit ſe demener.
qui me veut bien me fait rougir,
 qui me veut mal me fait blanchir.
qui a argent & ſanté,
 eſt bien fourny pour ſon eſté.
  NOTE.
qui n'eſt riche à vingt ans,
 qui à trente ne ſçait,

& à quarante n'a,
de sa vie riche ne sera,
& jamais ne saüra & naüra.
qui premier vient au molin,
premier engrenne s'il n'est colin.
qui promet mer, mont & montaigne,
credit n'aüra en toute Bretaigne.
qui de rien ne se cure,
vit tousiours à l'auenture.
qui faict sa besoignette,
ne honnit main ne manette.
qui plus conuoite que ne doit,
sa conuoitise le deçoit.
qui perd son bien perd moult,
qui perd courage perd tout.
qui a mal aux dents,
a mauuais voisins & parents.
qui deux lieures chasse,
l'vn perd & l'autre laisse.
qui plus resplendit a plus de vigueur.
qui dit ce que ne deuroit,
oit souuent ce que ne voudroit.
qui ne peut auoir le veau,
prenne le cuir ou la peau.
qui n'a cure de sa maison,
n'est pas homme de raison.
qui veut sçauoir plus que ne doit,
reputer

reputer pour fol on le voit.
quiconque veut auoir bonne femme,
　de deux en prenne l'vne.
　mais touſiours en bonne lune.
qui porte enuye à aultruy,
　ne fera fleur, fœille ne fruit.
qui mange porrée ou bonne verdure,
　chaſſe de ſon corps mal auenture.
qui edifie, trop ſe fye & ſe marye,
　ſa bourſe purge & purifie.
qui ne regarde deuant ſoy,
　ſe retrouue derriere & à par ſoy.
quand on parle du loup,
　de la queüe on en void le bout.
quand orgueil precede,
　honte le ſuit de pres.
qui vſe le conſeil du prudent,
　matin ne tard ne s'en repent.
qui d'autruy conſeil approche,
　eſt imprudent digne de reproche.
qui de maſtin fait ſon compere,
　plus de baſton ne doibt porter.
qui trop haut monte,
　à ſon grand' honte ſoudain demonte.
qui iuſtement vit ne luy doit chaloir,
　qu'on die de luy car pys n'en peut va-
qui trompeur trompe, 　　　　　　(loir.
　　　　　N 5　　　　peut

Q.

peut bien porter la trompe.
qui est trop loing de table,
   est pres d'vn daim notable.
qui pardonne aux meschans,
   nuit à petis bons & grands.
qui change souuent de maison,
   perd temps, biens & saison.
qui fait ce que ne deuroit,
   luy àuient ce que ne voudroit.
qui loüe sa marchandise,
   tache de la vendre à sa guise.
qui de mal faire ne prend honte,
   tost ou tard en rendra compte.

NOTE.

quicõque veut perdre tout son seruice,
serue le vieil, l'éfant & femme niece,
le vieil se meurt, l'enfant s'oblie,
la femme (dit on) tousiours varie.

---

qui veut horloge maintenir,
   vieille maison entretenir,
   jeune femme à gré seruir,
   & poures parens ayder,
   c'est tousiours à recommencer.

---

qui plus despend qu'a luy n'affiert,
   sans coup frapper à mort se fiert.

              qui

qui a des noix il en caſſe,
& qui n'en a il s'en paſſe.
qui d'autruy meſdire voudrà,
regarde à ſoy il ſe taira.
qui trop à ſon enfant pardonne,
vn ennemy felon couronne.
qui eſt au lict & ne dort,
qui a bon pain & ne mord,
qui de ſon corps n'a ſupport,
ce ſont trois ſignes de la mort.
qui veut tuer ſon chien,
de rage luy met ſus.
qui eſt trop large de bouche,
eſt trop eſtroit de bourſe.
qui ne ſçait refrener ſa bouche,
a quelque-fois de main la touche.
qui jouxt mauuais voiſin demeure,
à la fois chante & ſouuent pleure. (re,
qui a belle femme & chaſteau en frótie-
jamais ne lui máque debat ne guerre.
qui ne prend ſon auenture quād il peut,
pas ne la quand il veut.
qui guere ne vaut en ſa ville,
vaudrà moins en feuille.
qui ne cognoit bien le prochain,
a peine cognoiſtra le lontain.
qui trop aime s'enſualité,

tient

tient chose honneste pour vilité.
Vel. qui son corps moult cherit,
   chose honneste auillit.
qui tout le mange du soir,
   lendemain ronge son pain noir.
qui trompe le trôpeur & robbe le larrõ,
   gaigne cents jours de vrays pardons.
quand il pleut & le soleil luit,
   le chien son pasteur lenquit.
qui a tousiours piteuse couleur,
   n'est bon medecin ne docteur.
qui se veut endebter à qui riẽ ne doibt,
   son secret découurir luy doibt.
qui veut reposer en vieillesse,
   chomer il ne doibt en jeunesse.
qui laisse le bien choissit le mal,
   ne se courrouce s'il luy prend mal.
qui n'a argent ne monnoye,
   auoyr ne peut guere de joye.
qui n'a frere ne bon prochain,
   n'a pied, bras, membre ne main.
qui veut viure sain,
   se laisse morir de faim.
qui dort jusques à soleil leuant,
   vit en misere jusques au couchant.
qui sert & ne parsert son loyer perd.
qui peche pour petite saueur,

                               paye

Q.

paye auec grand dueil & doleur.
qui ne cerche son auenture,
　son propre bien ne procure.
quand le chat est hors la maison,
　souris & rats ont leur saison.
qui est à table & n'ose manger,
　qui est an lit ne veut dormir,
　qui est éperonné & dit haye,
　merite playe pour sa paye.

---

qui porte masque ou faulx visage,
　est trompeur ou n'est pas trop sage.
qui dit tout ce qu'il veut,
　oit souuent ce qu'ouir ne peut.
qui va droit ait pitié des poures boiteux
　car mébre sain deuiét bié tost gouteux.
qui tousiours craind,
　jamais ne vient à son dessein.
quel vice, tel supplice.
qui ne boit contre la bruyne,
　cerche bien sa propre ruyne.
qui sa flesche vne fois au blanc bout,
　tousiours voudroit bāder ou tirer but.
qui plus est matineux,
　n'est pas moins roupieux.
qui donne corps & cœur à dame,
　est quict d'argent d'auoir & d'ame.

Nota.

NOTA.
qui rit & mord,
& au besoing songe & dort,
qui mesdict & rapporte,
qui prend & n'apporte,
n'entre ceans, car on luy,
d'effend porte & l'huys.

---

qui craind la peau, forme l'appeau.
qui ne fait quand il peut,
  pas ne fait quand il veut.
qui a souffert plusieurs trauaulx,
  tollere plus aise les petis maulx.
qui suit les bōs bon sera sans doubtāce,
  mais tout mal viēt de mauuaise accoin
qui perd coeur & courage,   (tance.
  n'a mestier en ville ne village.
qui prend & qui donne,
  gaigne & conqueste vne coronne.
qui trop en soy-mesme se fye
  erre tous les jours de sa vye.
qui de follie est malade,
  à bien guerrir mout tarde.
quand Marthe file & Ambroise haple,
  leur cas est triste & pitoyable.
quand l'aueugle porte la baniere,
  mal pour ceux qui marchēt derriere.
                        quel

Q.

quel pour moy, tel pour toy.
qui ses vices ne dompte,
　porte en ses mains son honte.
qui ne peut par force,
　par art, amour ou par amorce.
qui donne le sien auant mourir,
　bien tost s'apreste à mout souffrir.
qui doibt vne-fois aueugler,
　par les yeulx a de commencer.
qui de coustume mout babille,
　trouue à chácun trou sa cheuille.
quand Dieu veut aucun chátier,
　de son sens le fait varier.
qui vit en paix, dort en repos.
qui ayme il craind.
qui est franc d'escot, ne die mot.
qui se loüe soy-mesme, de merde se cou-
qui mauuaise femme prend,　　　(rone.
　ne peut estre sans torment.
qui prend à tort, rend ou pend à droit.
qui se fait brebis, le loup le rauit.
qui achete & ment, sa bourse le sent.
qui seme en pleur, recueil en heur.
qui vole plus haut qu'il ne doibt,
　en terre gesir prest se void.
qui doibt, mord son doigdt.
qui est mal lié, n'est lye ne lyé.
　　　　　　　　　　qui fait.

qui {
fait credos, charge son dos.
fait les pots les peut rompre.
premier va au molin premier engre-
dort en aougst dort à son coust. (ne.
flatte, il gratte.
doibt à Luc & paye à François,
　paye vne aultre fois.
mal vit, son propre mal le suit.
ayme bien, ne craind rien.
n'a guere, n'a guerre.
perd le sien, perd le sens.
court & fuit, trouue qui le suit.
craind, n'a jugement sain. (rogne.
va à boloigne, prend la fiebure ou la
veut complaire à tout le monde,
　vn grand abisme epuise & sonde.
du sien donne, Dieu luy redonne.
vit sans mesure & compte,
　vit à blâme & à honte.
rien ne sçait, de rien ne doubte.
sans son hoste calcule & conte,
　souuēt mescōte, & deux fois côte.
l'ose rendre, l'ose prendre.

NOTE.

Qui veut viure bien sain,
se face vieil, bien soubdain,
& ce dont l'hyuer couuert a esté,
　　　　　　　　　ne le

ne le despoüille en son esté.

Qui en ce monde a suffissance,
de tous biens a la joüissance.
NOTE.
Qui preste non r'a,
qui r'a non tost,
qui tost non tout,
sy tout non gré,
sy gré non tel,
garde toy donc de prester,
car à l'emprunter cousin germain,
& au rendre filz de putain.

qui n'a conscience, n'a honte ne science.
qui bien me fait: est mon amy parfait.
qui ne met & tousiours prend,
le sol & fond en fin sent.
quiconque veut tenir son oeil sain,
liée il doibt tenir sa main.
qui alimente & nourrit,
gaigne de jour & de nuit.
qui a la lance au poing,
tout luy vient à point.
qui dort grasse matinée,
trotte toute la journée.
qui aime femme maryée,

sa vie

Q.
sa vie tient empruntée.
Qui pesche vne seule fois,
  de pescheur a nom & voix.
Qui a mangé le rost, ronge l'os.
Quatre sont les bons: boccons,
  pesches, chãpignons figues & melõs.
Qui tout le donne, tout l'abandonne.
Qui mal fait son lict,
  mal couche & git.
Qui se marie par amours,
  a bonnes nuicts & mauuais jours.
Qui veut sentir plaisir & ennuy,
  le galler premier plait & puis nuit.
Qui ne paroit, est tenu mort.
Qui endure, vainct & dure.
Qui bien traueille,
  bien amassé & recueille.
Qui loing se va marier,
  sera trompé ou veut tromper.
Qui argent a de recouurer,
  maintes voltes a de donner.
Qui naist en fumier,
  mourir y veut comme heritier.
Qui meschant chemin tient & suit,
  chardon picant trouue qui luy nuit.
Qui veut viure sain,
  dine peu & soupe moins.

qui ne

Qui ne se risique,
 jamais ne sera riche.
Qui ne merende à souper l'amende.
Qui rit & chante, son mal épante.
Qui beste va à Rome, tel en retorne.
Qui se colere en la feste,
 est tenu pour vne beste.
Qui a bōne cappe, facilemēt eschappe.
Qui boit apres son potage,
 bien procure son dommage.
Quiconque se vest de drap meschant,
 deux fois pour le moins se vest l'an.
qui vilain sert auec affection,
 pure vilanie reçoit pour son guerdon.
qui n'a progenie ne generation,
 na soulas, joye n'estimation.
Vel. qui n'a mineur, n'a honneur.
qui va le droit & bon sentier,
 ne peut errer ne foruoyer.
qui moult boit ne va pas droit.
quand le vieillard ne peut drinquer,
 la fosse on luy peut apprester.
quand en hyuer est esté,
 & en esté l'hyuernée,
 jamais n'est bonne année.
quand en esté le haut coq boit,
 la pluye soubdain vient & paroit.

O 2 quand

Q.

Quand il pleut en Aoust,
  il pleut miel & bon moust.
Quand le champ n'est fertile,
  pour les sainct est sterile.
Quand le loup mange son compaignon,
  manger manque en bois & buisson.
Quand l'abricotier est en fleur,
  le jour & nuict sont d'vne teneur.
Quand il a toné & encore tone,
  la pluye approche & môstre la corne.
Quand le peuple tombe enferme,
  le mire est en tresbon terme.
Qui mange auec le bolengier,
  mange à son grand coust & denier.
Qui de friant vin est amy,
  de soy-mesme est gref ennemy.
Qui achete ce que ne peut,
  vend ce que ne veut.
Qui ne donne de sa poyre,
  d'aultre auoir n'ait espoir.
Qui mesparle des grands s'en repent,
  qui par trop les prise fors qu'il ment.
Qui tousiours est oisif & chome,
  ne meliore & ne fait some.
Quiconque punit, fait ennemy.
Qui furnit à ma dent,
  n'est amy & parent.

qui

Q.

Qui par trop sa fille amignarde,
  la rend de bonne, pute & paillarde.
Qui a faulte d'argent & d'or,
  bien repose & seurement dort.
Qui est à escient yure,
  de noef jours ne se déniure.
Qui trop au vin s'adresse,
  retient peu de sagesse.
Qui a la fiebure au mois de May,
  le reste de lan vit sain & gay.
Qui bien fait à ses ennemis,
  de Dieu aura grand los & pris.
Qui paye auant de receuoir,
  vit à mercy & en espoir.
Quiconque preste or ou argent,
  deux choses il perd entierement.
  A sçauoir l'amy & l'argent.
Qui par trop parle fache la gent,
  qui rien ne dit jamais ne ment.
Qui trop mange le corps luy deult,
  qui ne mange traueiller ne peut.
Quand il tempeste fordroye & tonne,
  le grand larron deuient preud-hôme.
Quand meurt vne estincelle,
  elle luit moult tant plus clere.
Quand volupté a pris son trait,
  elle ne vaut grain moins que le fait.

O 3 quatre

Quatre âges porte le vin,
　en son vaisseau auant sa fin.
Qui aime labeur, paruient à honneur.
Qui establit loy, garder la doibt.
Qui de soy seul a soulci,
　ne vault guere plus de solz six.
Qui de raison est satiable,
　deux fois il peut mettre la table. (che
Qui au conseil sans estre appellé appro-
　est imprudent & digne de grād repro-
Qui confesse son aise & son heur, (che,
　inuocque fortune & son malheur.
Qui en sa vie Dieu oublie,
　en sa mort sera mis en oubly.
Qui le pescheur presche & sermone,
　ne peut donner meilleur aumosne.
Qui va à son aise & plaisir,
　s'en repent à dueil & loisir.
DICTON.
Quand on te dit villanie,
　mets la en ton sac & la lie,
　& quand viendra l'esté temps,
　deslie ton sac & luy rends.
　C'este regle est faulse,
　car subit oublier iniure,
　procede de charité pure.
Qui de Dieu n'a la cognoissance,

de

Q.

de sagesse n'aura jouissance.
qui en ses dits & faits est veritable,
d'vn bien imperissible est heritable.
qui mange & boit sans appetit,
fait de coustume tresor petit.
qui Dieu sert a bon maistre.
qui moins despend plus despend,
& qui plus despend moins despend.
qui conte sans son hoste,
conte deux fois auant qu'on oste.
qui hante auec le loup,
hurler conuient s'il n'est lourd.
NOTA.
qui asne chasse & putain mene,
prenant chemin dessus larene,
ne sorte jamais d'ennuy ne peine.
qui trop à son enfant pardonne,
ne vaudra jamais vne prone.
Vel. Luy cause ne faire chose bonne.
qui son nez mouche,
ne peut prendre mouche.
qui met en gage où ne sçait bien,
tenu est fol & perd le sien.
qui danse bien sans menestrier,
peut bien cheuaucher sans estrier.
qui se couche auec les chiens,
il se leue auec les pulces.

O 4   qui

Q.

qui a le loup pour compaignon,
 porte le chien soubs le hocton.
qui ne peut battre le cheual,
 batte la selle ou le bast.
qui ne pense à l'auenir,
 d'auoir disette ne peut faillir.
qui d'aultruy veste se vest,
 à blasme tost se deuest.
qui par la pointe rend vn cousteau,
 bien se demonstre estre vn gros veau.
qui trop se fye au gracieux serain,
 souuēt luy coule la pluie à val les reins
qui caresse & prie le villain,
 offense noblesse, fatigue en vain.
qui ne veut patir facherie,
 ne doibt pas naistre en ceste vie.
qui bien cōmēce puis recōmēce vn fait,
 le met à fin & subit l'a parfait.
 C'est à dire que sy le bon commencement,
 vault vn demy, en re commenceant,
 son emprise (dit Horace, & Ausone,)
 lon aūra la fin.
 Le Latin dit :
 Dimidium facti, qui bene cœpit habet.
qui trop tost se ressould & determine,
 il s'en repent & en fin s'arruyne.
qui veut auoir bon serf ou chien,
 il faut

il faut qu'il les gouuerne bien.
Vel. il faut qu'il luy couste du sien.
qui son enfant trop applaudit,
　vn ennemy crée & nourrit.
qui chetif enuoye à la mer,
　qu'il n'en rattende poisson ne sel.
qui traite la poix, s'embrouille ses
qui a âge, doibt estre sage.　　(doigts.
qui cerche il trouue.
qui ne s'auenture,
　ne va à cheual ny à mulle.
qui n'est plein, souuent se plaind.
qui a moult, luy manque moult.

qui n'a {
　de quoy se tienne quoy.
　coeur ait jambes.
　seruy ne sçait commander.
　soing ne cure, n'a courage ne coeur.
　sols ne franc, le Roy le fait Franc.
　terre, n'a guerre.
　qu'vn fils bien tost le gaste.
　qu'vn oeil souuét le frotte & touche
　somme n'est pas homme.
　bon droit, plaider ne doibt.
　argét en bourse, ait miel en bouche.
}
qui mene denier à son plaid,
　ce qu'il demande est prest & fait.
qui aime & n'est aimé,
　　　　　　O 5　　　d'amour

Q.

d'amour est encharmé.
qui tost se pense enrichir,
　tost se void appourir.
qui peut & ne veut,
　quand il voudra il ne poürra.
qui d'aultruy veut auoir compassion,
　soy-mesme ne mette en obliuion.
qui plus qu'il n'a gaspille & despend,
　file la corde dont il se pend.
qui plus haut monte qu'il ne doibt,
　de plus haut chet qu'il ne voudroit.
qui fait nopces & maison,
　met le sien en abandon.
qui du feu a besoing & mestier,
　cercher le doibt és cendres & foyer.
qui a femme & enfans aussy,
　traueil ne luy manque ne soulcy.
qui saüroit la chance du dez,
　la vente & valeur des bleds,
　il seroit bien tost riche assez.
qui des chausses de sa femme fait chape-
　ne fait pas ce qu'il veut.　　　　(ron.
Qui auec vn mal plaisant couche,
　coup de pied sent & froid luy touche.
quand Dieu mande à l'homme la farine,
　le Diable en pourchasse la ruyne.
quãd les yeulx voyẽt ce q̃ ne virẽt oncq̃s
　　　　　　　　　　　　　　les

Q.

les coeurs pésent ce qui ne péserét onc-
qui a d'affaire à gents de bien, (ques.
　　il ne se soucie de rien.
qui a d'affaire à meschants gents,
　　vit en chagrin malgré ses dents.
qui chetif enuoye à la mer,
　　n'attende poisson saumure ne sel.
qui de mastin fait son compere,
　　plus de baston ne doibt porter.
qui du sien donne, Dieu luy redonne.
qui veut bien juger,
　　partie doibt escouter.
Qui trop prise le monde souuent ment,
　　qui le mesprise il s'en repent.
quand le seul auec sa seule sera seul,
　　sçaura le seul que seul peut estre seul.
qui est à son aise, cerche malaise.
qui le fait, l'attende.
QVI TEMS A VYE A.
qui meschant n'est tenu,
　　s'il fait mal il n'est creu.
QVI ART A,
　　PAR TOVT PART A.
qui entre vne-fois en la biere,
　　jamais n'en retourne arriere.
quaresme & la prison,
　　pour les chetifz les pris'on.
　　　　　　　　　　　qui vin

R.

Qui vin ne boit apres salade,
　est en rizique d'estre malade.
Qui hante femme & le dé,
　mourra en poureté.
Qui femme croid & asne mene,
　n'est sans doleur, fastide ne peine.
quant le soleil est joint au vent,
　on void en l'air plouuoir souuent.
qui folle fême croid, asnes & oisô mene,
　ne peut estre sans fatigue & peine.
qui aime la praticq̄ & science du monde
　ne peut auoir la conscience monde.
quiconque est trop amy de ris,
　fol est tenu en grand deris.
qui peu seme, peu recoeille.

R.

ROY OV RIEN.
Rien ne peut deuenir guere hault,
　ou bon principe y manq̄ & fault.
Rien sans peine.
Rien n'a, qui assez n'a.
Raison est au molin
Rien n'est bien fait,
　que Dieu ne patrone & parfait.
Recalcitrer contre pointure,
　ne sert que de double batture.

　　　　　　　　　　　　rien

R.

Rien ne vault le petit,
   s'il n'est vaillant & hardy.
Rien est au moulin.
Repos soulage le traueil.
Rien n'est permanent.
Raison contre le fort,
   est en trespiteux port.
Rire sans propos,
   est propre aux fols.
Raison, fait maison.
Rien n'est sy cher vendu,
   que le pryé & trop attendu.
Rouge soir & brun matin,
   est le desir du pelerin.
Richesse, prosperité & science,
   sont rarement en vne mesme residéce.

NOTE.

Richesse ne faict pas riche,
   qui en tresor son coeur fiche,
   mais souffisance seulement,
   fait l'homme viure richement.
Rome ne fut pas faite en vn jour.
Regarde ce que tu fais auāt q̄ te marye,
   ce n'est pas vn noeud qu'ainsy se delie.
Rire & joüer on se peut par raison,
   courtoisement en temps & en saison.
Reporter ce qu'est dit à table,
                        est chose

R.

est chose vile & vituperable.
Richesse puissance aussi faueurs,
   rendent tesmoignage des moeurs.
Rié n'est plus vtil soit au grãds ou petis,
   que d'auoir vrais amis ou acerbes en-
Reprendts tellement ton amy, (nemis.
   qu'il redonde à son bon profit.
Refraindre sa colere est chose côuenable
   & ne tomber en couroux tressouable.
Rien ne peut estre grand n'eminent,
   sans bon principe & fondement.
Rarement lon void l'heureux,
   estre amy du mal-heureux.
Recorde toy en ta jeunesse,
   que peus paruenir à vieillesse.

Regarde & pese bien { qui tu es. / que tu fais. / d'ou tu viens. / ou tu vas. / que deuiendras.

Rien n'est d'aulcun plus estimé,
   auant d'en estre quict & priué.
Rien n'est sy caché ne difficile,
   qu'en bien cerchãt ne soit repertible.

                          Rendre

R.   114

Rēdre { biē pour mal / mal pour biē / bien pour biē / mal pour mal } Eſt { charité. / cruaulté. / juſtice. / vengeāce. }

Rendre ou pendre,
  ou le gibet d'enfer attendre.
Rompre ne doibs vn oeuf mollet,
  auant que ton pain ſoit bien preſt,
Vel. ſy ton pain ne voys appreſté.
Rien n'eſt noſtre,
  n'eſt que ſoit en nous propre.
  Le Latin, a meilleur grace diſant.
  Nil noſtrum quod alienari poteſt.
Rome la ſaincte, Boloigne la graſſe,
  Florence la belle, Senes l'anciene,
  Milan la grande, Naples la gentile,
  Gennes la ſuperbe, veniſe la riche,
  Paris ſans pere Anuers. N.
Recouurer n'eſt pas mort.
Riche homme ne ſçait qui luy eſt amy.
Remede cōtre la peſte & meilleur art,
  toſt & loing s'écarter & tourner tard.
Regnard dormant graſſe matinée,
  n'a pas la langue emplumée.
Rien ne ſçay ſinon que ſçay,
  que rien je ne ſçay.
Rien ne fait,

                              qui ne

S.
qui ne commence & parfait.
Robbe d'aultruy, ne proffite à nulluy.
DICT COMMVN.
Rarement est & peu souuent,
  le vieil vsurier sans argent,
  ville marchande sans fins larrons,
  vieil grenier sans rats ou rattons,
  vieil bouc sans barbe, cheure sãs toux,
  teste teigneuse sans lendes ou poux.

Raison a souuent bon mestier,
  d'aide en chácun art & mestier.
Roüe mal engraissée,
  est encline à la cryée.
S.
SEruiteur prié, parent ny amy,
  ne prendras si veus estre bien seruy.
Souffre quand seras enclumeau,
  & frappe quand seras marteau.
Si veus cognoistre quel soit l'homme,
  donne luy office charge ou somme.
Vel. A l'office, le pere & le filz.
Sur vn oeuf, pond la poulle vn noeuf.
Sur argent, amy ne parent.
Souffre pour sçauoir,
  & traueille pour mieux auoir.
Si tu te veux engraisser promptement,
                    mange

mãge auec faim: boy à loisir & lentemēt
Si femme sçauoit la vertu de la rue,
    elle la cercheroit en chacune rue.
Si le sage n'erroit, le niez creueroit.
Si veux viure sans soucy,
    suy les erres de la formy.
Secret de deux, secret de Dieu.
Secret de trois, secret de tous.
Science, maison royale & mer,
    font l'homme bien souuent auancer.
Superabondance de cire,
    brusle la maison nostre Sire.
Saulmon comme le sermon,
    en quareme ont leur saison.
Soldat d'elite de la charüe,
    prend origine & son issue.
Souris qu'y n'a qu'vne entrée,
    est incontinent happée.
Seiche racine, de l'arbre la ruyne.
Le. Sainct en sa ville ou cité,
    est rarement honnoré.
Soleil n'a pere ne pareil.
Science & vertu honnorable,
    sert contre fortune la variable.
Sac plein dresse l'oreille.
Sy mal acquiers biens ou deniers,
    joye n'en prendront tes heritiers.

P 1   sy mou-

S.

Sy mourir ne se peut excuser,
 mal viure ne se doibt vser.
Selon les biens soit la despense,
 le sage le croid, le fol n'y pense.

NOTA.

Sy jeunesse sçauoit,
 & vieillesse pouoit.
 en lieu que peché abonde,
 verrions vertu regner au monde.
sy veux viure en joye & santé,
 souuienne toy de viure par raison,
 car ceste courte & folle volupté,
 malade rend le corps longue saison.
seruir à vertu, & honesteté,
 est singuliere & souueraine liberté.
si gens noiseux y-a en place,
 sagement fait qui s'en déplace.
six choses au monde n'ont mestier,
 prestre hardy ne coüard cheualier,
 juge conuoiteux ne puant barbier,
 mere piteuse, ne rogneux boulengier.
si tu prens femme garde bien,
 que ne la prenne pour son bien.
sy ton chat est larron,
 ne le chasse de ta maison.
si tu as seruiteur paresseux par vsage, (ge
 mets lui la table & l'enuoie pour messa
  si tu

S.

si tu veux viure en paix,
 oy, voy, escoüte, & te tais.
soubs vn meschant habit,
 gist bien vn bon esprit.

AVX SERVITEVRS.

seruiteur voulant faire son debuoir,
 oreille d'ane doit auoir,
 pieds de cerf & groin de porceau,
 n'épargnant sa chair ne sa peau.
sallade bien lauée & sallée,
 peu de vinaigre & bien huylée.
sur Dieu n'y a aucun seigneur,
 ne sur noir aucune couleur.
si tu vis justement ne te dois chaloir,
 qu'ō die de toy, car pis n'en peux valoir.
selon l'entrée la despense,
 sage n'est qui bien n'y pense.
Faindre le fol par fois est sens,
 pour euiter des maux cinq cens.
souuent perdre assez dépédre & rié gaig
mene à l'hospital le poure mercier. (ner,
si tu es beau & d'elegante forme,
 fay ce qu'est à ta beauté conforme.
seurement va, qui rien n'a.
soubs fresne, venin ne regne.
salut nous doint Dieu & florins,
 que prou trouuerons de cousins.

si le

S.

Sy le poure (prens esgard) te donne,
　c'est à fin que plus luy redonne.
Sers comme serf, ou fuy comme cerf,
Selon la regle de droit,
　qui rien n'a, rien ne doit.
Sy les mois ne sont errez,
　le poisson ne mangerez.
Si la femme est sage elle vaut vn empire,
sy elle est autre, au mōde n'y a beste pire.
Soulier rompu ou sain,
　vaut mieux au pied qu'en main.
Sagesse & grand auoir,
　sont rarement en vn manoir.
Sy tu es riche amis auras au double,
　& si deuiens poure le beau temps se
Sy fol ne follioit,　　　　　　　(trouble.
　sa saison il perdroit.
Soleil de haute leuée,
　n'est pas de longue durée.
Sois à bien faire diligent & soigneux,
　& à mal faire negligent & songeux.

AVX SERVITEVRS.

Sy tu as maistre, sers le bien,
　dy bien de luy garde le sien,
　cele son secret quoy qu'il face,
　sois humble & veritable deuāt sa face
Sois tel en fait & en ton langage,
　　　　　　　　　　　　comme

S.

comme tu es dans ton coûrage.
Sus le corps l'ame, doit estre dame.
Soleil en la veüe bataille perdue.
Saliue d'homme, tous serpens dome.
Sans pain: grand faim.
Souhaiter ne peut ayder.
Soubz la lame ne gist l'ame.
Souuent tout gaste: qui trop se haste.
Seurement va, qui rien n'a.
Sans amorcer le haim, on pesche en vain
Seiche année: n'est affamée.
Sois en tout à toy semblable,
  non inconstant ne variable.
Soubz habit de simplesse,
  git bougette de finesse.
Splendeur de vertu & noblesse de race,
  n'ôt sans argêt credit, faueur ne grace.

NOTE.

Soys matineux & tu verras,
  labourre traüaille & tu aüras,
  dors en haut & sain tu viuras.

Sy mourrir ne s'excuse,
  qui mal vit bien s'abuse.
Sy follies fussent doleurs,
  chascune maison seroit en pleurs.
Sy tu veux auoir bonne fame,

S.
fay bien sans cesse nul ne diffame.
soudainement fortune l'homme monte,
   mais pl⁹ soudain le réuerse & demóte.
NOTA.
sy le grand fut vaillant,
  le petit pacient,
    & le rousseaux leal,
     tout le monde seroit egal.
sagement fait & se gouuerne,
  qui fuit tauerne comme cauerne.
sage est le iuge, qui paciëmet escoute &
       NOTE.   (tard iuge.
selon que je trouue en mon liure,
  le monde & le vin sont semblables,
  car l'vn & l'autre nous énvure,
  tant sont ils doulx & delectables,
  l'vn fait à temps le corps dormir,
  & l'autre en pleurs inestimables,
  fait à jamais l'ame gemir.

selon le gaing & reuenu,
  la nappe à table & pot au feu.   (me,
Si femme sçauoit que persin vaut à l'hó-
  elle en iroit cercher jusques à Rome.
Sur la glace qui n'a qu'vne nuict,
  trop ne te fye car souuent nuit.
Souuent aduient au laboureur,

                    par

S. 118.
par trop fumer n'auoir le meilleur.
Soleil d'hyuer tard leué,
 bien toſt couché & eſconſé.
Saſſe bonne farine,
 & ne ſonne trompe ne bucine.
Sy tu veus qu'on die bien de toy,
 à aultruy blamer ne t'employe.
sur vn oeuf, pond la poulle vn noeuf.
Soleil d'hyuer amour de paillarde,
 tard vient & peu tarde.
Soit heureux qui peut,
 pas ne l'eſt qui veut.
Souffre pour ſçauoir,
 & traueille pour auoir.
Soleil & pouſsiere à la veüe,
 battaille routte & perdue.
sy tu veulx bien viure,
 garde que ne t'eſnyure.

Sur { Dieu n'y a aultre ſeigneur,
 toute couleur, le noir eſt le meilleur
 le ſeruiteur, le M. doibt eſtre ſuperi-
 le corps l'ame, doibt étre dame (eur
 tout vin, le grec eſt diuin,
 toute chair, le moutõ eſt le pl⁹ cher.

Soubs couuerture d'or, poiſõ git & dort.
Seruice fait par crainte,
 eſt choſe feinte & conſtrainte.
 P 4 ſouue-

S.

Souuent vn benefice mentioner,
　　est proprement roger & demander.
Souuent on void la pasion,
　　priuer l'homme de voix & raison.
Satisfaction mitigue colere & pasion.
Sur justice, haine n'a pouoir ne malice.
Si ton pere est bon tu le doibs aimer,
　　& sy aultre, le souffrir & tollerer.
Sy fortune te fait quelque daim,
　　attens le mesme le lendemain.
sur la doctrine, force ne domine.
Sy tu n'es beau de visage il te faut,
　　par bônes mœurs côpéser le deffaut.
sur denier, or & argent,
　　n'y a compain ny parent.
sur poyre, vin boire.
soubs cheueul roux,
　　souuent git vn poulx.
souuent se plaind,
　　qui fait tort à son prochain.
sur petit commencement,
　　fait on bien grand fusée.
sainct Martin boit le bon vin,
　　& laisse l'eau courre au molin.
selon la jambe la chausse.
science & erudition,
　　de la vie est le vray bourdon.
　　　　　　　　　　　　suspeçon

S.

suspeçon est d'amitié la vraye poison.
soit tost ou tard ou pres ou loing,
　le riche a bien du poure besoing.
science en tout estat,
　est vn tresor & grand estat.
somme somme,
　　mourrir conuient pour vne pomme.

soys {
　ferme en ton aduersité.
　humble en ta prosperité.
　en toutes choses modeste.
　content du tien.
　en dictz & faits veritable.
　misericordieux & charitable.
　à tous humain & amiable.
　soigneux en ta vacation.
　meure en ta deliberation.
　familier à peu, & amy à tous.
}

simple aduocat le bien temporel perd,
　fol medecin met le corps en desert,
　par simple prebstre est l'ame mal sub-
　　stenue,
nostre esperance est par ces trois perdue.
sur l'eaue vne fois eschauffée,
　se harpe plus tost la gelée.
souriz qui n'a qu'vne entrée,
　est bien-tost prise & happée.
　　　　　　　　P 5　　　Note

S.
NOTE ET RETIEN.
Si les humains fuſſent forts & prudents,
à preueoir & attendre les accidents,
qu'en ceſte vie caducque peüēt aduenir
ils viuroiét plus contēts ſans deſplaiſir,
cōcepuoir,& ne trouuroiét graī eſtrāge
ſi fortune les fuſtige les greue & chāge,
ſe monſtrant variable plus que le vent,
venāt d'improueu quād moins on l'at-
Sy Feburier ne fait des ſiennes, (tend.
   Mars luy liure camp & guerre fierre.
Vel.Si Feburier ne ſe mōſtre fiebureux &
   Mars luy liurera la guerre. (fier,
Se boter & n'auoir cheual,
   eſt pure follie & treſgrand mal.
Souffre pacientement,
   de tes affins le chatoyment.
Science, doctrine & document,
   ſert d'vn heritage permanent.
Si tu veux eſtre par tout aymé,
   laiſſe vne choſe ou l'as trouué.
Sept enfants d'vne meſme ventrée,
   ſont divers en ſens & penſée.

Tel ⎰ graī ⎱ Tel ⎰ pain.
    ⎱ Pedagogue ⎰   ⎱ Diſciple.
      Monſieur   mon chien.
      Autheur   oeure.

                          pere

T.

pere	fils.
maistre	vallet.
Saint	miracle.
cerueau	chappeau.
couteau	foureau.
pain	leuain.
arbre	fruit.
Seigneur	page & serui-
juge	jugemét. (teur
vaisseau	vin.
loup	chien.
pied	soulier.
Tel { don	Tel { donneur.
homme	songe.
bec	chant.
ouurier	ouurage.
fleuue	nauire.
chappelain	sacristain.
vice	suplice.
pot	couuercle.
larron	cordon.
asnon	aguillon.
chien	lien
rat	chat.
hoste	hostel.
conteur	auditeur.
demandeur	reffuseur.

Tel peché

T.

Tel { peché, noeud, oiseau, presbtre, denier

Tel { pardon. coignet. nid. peuple. loyer.

Telle { mesgnye, semence, mere, nau, vie, jambe, chair, amour, lame, laine, cloche, debte, boursette, beste, main, dent, vente, nouuelle, lanterne, robbe, bouche, racine

Telle { oeconomye. recoeille. fille. eau. fin. chausse. sausse. dolour. gaine. trame. voix. recette. monnoye. teste. mousle. morsure. rente. oreille. chandelle. forme. louche. foeille.

Trop

T.

Trop {
- dormir cause mal vestir.
- boire noye la memoire.
- penser fait resuer.
- grater cuit.
- parler nuit.
- est trop
- tendre fait briser ou fendre.
- prendre fait pendre.
- enquerir n'est pas bon.
- fier engendre fiebure.
- aymer est amer.
- tirer rompt la corde.
- playdoyer fait mendier.
}

Tel huy desprise les mal vestus,
 qui plus que luy ont de vertus.
Tant va la cruche a l'a fontainette, (te.
 qu'elle y laisse le manche ou l'oreillet-
Toute chose veut son temps.
Toute extremité est vicieuse.
Trois freres, trois chasteaux.   (ou peu.
Trot d'asne de paille vn feu, ne durét rié
Tost & bien: ne conuient pas ensemble.
Tyranie, tumulte & famine,
 des cités causent la ruyne.
Tes faits & dits selon le temps modere,
 par fois doux, & par fois plus seuere.
Temps fait changer,

meurir

T.

Tel {
meurir oublier & mourrir.
pense voler, qui ne se peut bouger.
refuse qui apres muse.
rit du matin, qui le soir pleure.
s'excuse: qui s'accuse.
se tait: qui pierres à soy attrait.
menace qui puis est battu.
est plein: qui encore se plaind.
se cuide chauffer, qui se brusle.
a bon cheual qui va bien à pied.
se plaind: qui n'a point de mal.
ne dit rien: qui n'en pése pas moins.
est mal vestu, qui est fourré de vertu.
peut qui ne veut.
veut qui ne peut.
homme telle vie & telle somme.
prolongue qui ne l'eschappe pas.
porte le baston dont il est battu.
a beaux yeulx qui ne void goutte.
fait ce qu'il peut, qui ne fait chose q̃
menace, qui n'est guere audace.) vail
semble gras & gros,   (le.
  qui n'a que la peau & les os.
a bon los: qui l'a à tort.
l'a mauuais: qui n'en peut mais.
cuide auoir des oeufz au feu,
qui n'a que des escailles.

                        pense

T.

Tel
- pense battre qui tue.
- est petit qui bien boit.
- voyez tel prenez.
- monstre la dent,
  qui de mordre n'a talent.
- change qui ne gaigne pas.
- chante qui n'a joye.
- a le nom, qui l'effect non.
- porte longs cousteaux,
  qui n'est pas queux.
- porte bien souuent le baston.
- dont à son regret le bat on.

Tost ou tard, pres ou loing,
le fort du foible a besoing.
Tout contraire en son contraire,
prend vertu pour soy reffaire.
Tout babillard, & beau jaseur,
ressemble au bassin du iongleur.
Tant est l'enfant du diable amignardé,
que luy void l'oeil creué ou poché.
Temps passé reduit à memoire,
donne plus de peine que de gloire.
Tesmoing qui a veu est meilleur,
que cil qui l'oüy & plus seur.
Table vaut escole notable.
Trop tourner fait en terre tomber.
Trop tost à edifier se haste,

qui

T.

qui edifie à bourse platte.
Teste blanche, cousteau sans manche.
Tout se fait negligemment,
 quand l'vn à l'aultre s'attend.
Trotte arriere trotte auant, (deuāt.
 tel vient de Rome qui moins vaut q̃
Toute grappe de raisin,
 ne vient au pressoir de vin.
Toutes bouches son consoeurs.
Tard crie l'oiseau quand il est prins.
Table sans sel, bouche sans saliue.
Traueil en repos.
Toute extremité est vice.
Toute parolle ne merite pas responfe.
Ton filz repeu & mal vestu,
 ta fille vestue & mal repue.
Tout poisson est fleme,
 & tout jeu aposteme.
Tout don, est bon.
Tout le monde, n'est pas munde.
Ta chemise, ne sache ta guise.
 C'est a dire ton intention.
Tout n'en vaut rien,
 qui n'a argent ou bien.
Ton denier mut, ne descouure à nul.
Tel pense euiter la fumée,
 qui mesme tombe emmy la brasée.
taire en

T.

Taire en temps & bien penser,
 ne peut persone offenser.
Toutes choses ont leur téps & leur saisõ
 & tout par le compas regle & raison.
Tout drap soit gros subtil ou fin,
 au bout de l'aune il prend sa fin.
Temps, vent & femme comme fortune,
 tournent & changent comme la lune.
Tard se repent le chetif rat,
 quand par le col le tient le rat.
Tel semble qu'il n'y touche,
 à cause que n'ose ouurir la bouche,
 qui dessoubs sa feinte peau,
 est la pire beste du tropeau.
Tel pense estre bien sain,
 qui porte la mort en son sein.
Tout homme de raison,
 doibt estre maistre en sa maison.
Trop tost vient à la porte,
 qui triste nouuelle y apporte.
Tant que l'arraigne rõpe la foible toile,
 poureté n'aüra vent à voile.
Tel cuide eschapper jusques à Pasques,
 qui est prisonier à my-quaresme.
Temps perdu n'est à recouurer,
 sage est qui le sçait employer.

tost

T.

Tost {gaigné / fait / basti}   Tost {gaspillé. / desfait. / demolj.}

Tel change qui ne meliore.
Terre bien cultiuée, moisson esperée.
Trebucher & non tomber,
　est aduantage de chemin.
Taire & faire par mer & par terre.
Trois choses y-a d'vn accord au monde,
　le prestre l'auocat & la mort,
　le presbtre prend du vif & du mort,
　l'auocat du tort & du droit.
　& la mort prend du foible & du fort.
Temps vient & temps passe,
　fol est qui ne le compasse.
Toute chose a son tour,
　de grand plaisir vient triste plour.
Toute extremité est vice.
Tel docteur telle doctrine & question,
　& tel juge telle sentence & solution.
La Truye forfaict, & le porc le compere.
Toute chose veut son commencement,
Toute chose par mesure,
　est à priser de nature.
Toutes heures ne sont pas meures.
Tel bat les buissons qui ne prend pas les
tel séble sage en prime apparéce (oisillós
　　　　　　　　　　　　　　　　qui

qui fol est en la quinte essence.
Tes parens sur tout tu dois honnorer,
　aimer, nourir, seruir & reuerer.
Toute chose superflue,
　est dangereuse & deffendue.
Toute noise greue & poise.
Toute viande est au famelic friande.
Tant que pourceans aimeront l'ordure,
　les idiots hayrōt les sauants de nature.
Tel Roy, telle loy.
Trompeur qui veut autruy tromper,
　garde toy bien que ne sois trompé,
　car tromperie est de tel estre,
　que quand trompeurs aurōt trompé,
　poures trompés aüront du pain,
　que les trompeurs mourront de faim.
Tenir ne doibs bon secretaire,
　celuy qui na l'art de soy taire.
Tel cuide auoir des oeufz au feu,
　qui n'y a que des escailles.
Tout ouurier a mestier,
　de son ostil en son mestier.
Tard se repent qui tout despend.
Tout bec crochu, de proye est soustenu.
Trop enquerre, cerche guerre.
Tost & mal acquis, subit pery.
Trois choses deuons laisser à par soy,
　　　　　　Q 2　　　l'oeil,

T.

l'oeil, la femme, & la foy.
Tout fromage est sain,
  s'il vient d'vne chiche main.
Toute comparaison est odieuse,
  & toute langue double venimeuse.
Trop enquerir n'est pas bon par nul sy,
ne d'aultruy fait trop s'étremettre aussy
Tost assez se fait, ce que bien se fait.
Teste sans langue,
  ne feit oncques bonne harangue.
Tot donner vault deux dons entiers,
  & le tard donner vn simple denier.
Tel est bien haut monté,
  qui n'est pas le plus asseuré.
Toile ne femme l'aide ny belle,
  prendre ne doibs à la chandelle.
Tumulte, reuolte & la famine,
  maintes citez mettent à ruyne.
Tant vaut amour comme argent dure,
  mais argent court cerche auenture.
Toutes choses ont leur tour & saison.
Tant moindre est la honte du mesfait,
  & moins du commis nous desplait.
Tel porte les cornes que chascū les void,
  & tel les porte qui ne le croid.
Trahison plait, & traistre desplait.
Tant plus le corps est bien traité,
                      tant

T.

tant plus l'esprit est mal mené.
Tout se diminüe en la vieillesse,
　fors auarice prudence & sagesse.

Tout
- fait farine.
- ou rien.
- est facile, à qui Dieu aide.
- le monde, n'est pas munde.
- habit, au poure duit.
- au Roy (dit le François), & puis à moy.
- pour vn mieux.
- passe par le cul du singe.
- vient à point, qui peut attendre.
- pain est bon & sain, à qui a faim.
- n'en vaut rien, qui n'a argēt ne bien.

Tant
- tonne & vente, que pluie descend.
- gratte la cheure, que mal git.
- chauffe on le fer, qu'il rougit.
- va le pot à l'eau, qu'il se brise.
- vault l'homme, comme on le prise.
- crye on Noël, qu'il vient.
- traueille & diligente l'homme,
　qu'il amasse bien & somme.

Tay toy dit ce ribaud Therence,
　ou dy chose meilleur que silence.
Toute viande, au famelic est friande.
Tel prestement donne son consent,
　qui apres muse & s'en repent.

Q 3　　　toute

V.

Toute chose assouuit lasse & fache,
 hor mîe sciéce faschat le seul lasche.
tout ce q̃ fait l'art, de nature & pricipe a
Tout oeure en chasq̃ art & metier,(part.
 de commencement a meftier.
Toute chose trine, est parfaite & diuine.
Tristesse engendre affliction & detresse.
Tard espargne & drame,
 qui n'a plus fil ne trame.
Toute chose qu'est en sommité,
 tend a fin & extremité.
Toute terre m'est vray païs,
 ou bien me va & trouue amys.
Toute bonne & vraye reprehension,
 de douleur doibt auoir la mixtion.
Tout chemin de vertu,
 est aspre & moult ardu.
Tristesse & melancolie,
 encheminent à maladie.
Toute terre contrée & prouince,
 imite la nature de son prince.

V.

Vertu par traueil & labeur,
 préd force lustre & tresgrand' vi-
Vn Dieu, vne foy, vne loy. (gueur.
Veoir, taire & oüir,
 ne peut à nul nuir.

vn barbier

V.

Vn barbier rait l'autre.

Vn {
  mauuais gouuerneur en vne ville,
  noyer en vne vigne,
  porceau en vn bled,
  amas de taupes en vn pré,
  sergeant en vn bourg,
  c'est assez pour gaster tout.
}

Vertu interdit les pleurs aux magnani-(mes,
  & les octroye aux poltrós & pusillani-(mes.
Vraye prosperité,
  est d'elle n'auoir necessité.
Ville gaignée, citadelle desolée.
Vertu sans contrarieté,
  n'a pris vigueur n'auctorité.
Verité en quelconque lieu,
  tenir on doibt fille de Dieu.
Vraye propre & parfaicte ignorance,
  est de Dieu n'auoir cognoissance.

Vn {
  Señor en Espaigne,
  Maistre en haute Bretaigne. i. in An-(glia.
  Monsieur en la Franche Gaule,
  Fidargo en Portugalle,
  Euesque en Italie,
  Comte en Germanie,
  c'est vne poure compagnie.
}

Vieilles gens de leur nature,
  sentent bien tost la froidure,

V.
VNA SOLA DICVORAMO.
Vn beau non, excuse vn don.

Vn { oeuf / presbtre / cerueau / gasteau / feu } ne vault guere sans { sel. / clerc. / langue. / mioche. / creux. }

Viue chascun comme il veut mourir,
   aille le pas qui ne peut courir. (mét,
Vests toy chaudement, mange escharce
   boy par raison & viuras lōguement.
Veulx tu sauoir quel est vn personage,
   oy le parler & note son langage
Veiller à la lune, dormir au soleil,
   plus de mal que de bien t'apareille.
Voix du peuple, voix de Dieu.
Vertu sans oeures n'a plus credit,
   que n'a vn vieil songe de nuict.
Vn jeune poulain retif & ramage,
   deuient bien bon cheual en son âge.
Vin de flaccon & amour de putain,
   sont euentés du soir à l'endemain.
Vn mal est la veille & val, d'aultre mal.
Vn homme, nul homme.
Vieil medecin & jeune barbier,
   sont à loüer & apprecier.
Vieillesse poureté & maladie,
                              affligent

V.

affligent le corps & abbregent la vie.
Vne main laue l'autre, & les deux la face
Vſauce ſe couuertit en nature.
Vne pilure fromentine,
 vne dragme ſermentine,
 & la journée d'vne geline,
 eſt vne bonne medecine.
Vne parolle touche l'autre.
Vn plaiſir eſt aſſez vendu,
 qui longuement eſt attendu.
Vne goutte de miel,
 engendre vne goulfre de fiel.
Verité engendre inimitié.
Venture vient à qui la procure.
Vieil en amours, hyuer en flours.
Vie brutalle plait au coquin rural,
 gaudir à la tauerne & mourir à l'hoſpi
Vent au viſage rend l'homme ſage. (tal.
Vertu d'homme, tout dome.
Vraye nobleſſe, nul ne bleſſe.
Vy par compas, va pas à pas.
Vne ame ſeule, ne chante & ne pleure.
Villain enrichy: ne cognoit parêt n'amy.
Vin & femmes attrapent les plus ſages,
 comme eſt notoire en mains paſſages.
Vaine eſperance, nourit les chetifs.
Ventre affamé, prend tout en gré.

Q 5 viroeuf

V.

Vn oeuf n'eſt rien, deux font grand bien,
  trois eſt aſſez, quatre eſt trop,
  cinq donnent la mort.
Vſer faut plus d'oreilles que de bouche,
  car qui void oit & ſe tait de tout,
  en repos vit & en paix ſe couche.
Vn hôme de paille vaut vne femme d'or.
Volonté de Roy, n'a loy.
Vn plaiſir requiert l'autre.
varier occupation,
  eſt à l'eſprit recreation.
vn mal attire l'aultre.
vn jour, bonne & gracieuſe mere,
  & l'autre maraître treſamere.
vin beu ſobremét, reueille l'entédemét.
vilain affamé, demy enragé.
verité eſt ia bien loing,
  & juſtice faut au beſoing.
vin trouble, pain chaud & le bois vert,
  encheminent l'homme au deſert.
vertu de ſilence, eſt grand'ſcience.
ville oppreſſée de famine,
  eſt bien proche à ſa ruyne.
verité n'a meſtier d'eloquence,
  pour ſon garrant ne deffence.
veiller ce dit le bon Guide,
  fait corps ſubtil eſtant humide.

verité

V.

verité vn temps peut languir,
    mais elle ne peut jamais perir.
vaillant ne peut estre preud ne fin,
    qui tousiours ne pense à la fin.
volonté supplie à la faculté.
vn joly gay & petit don,
    engendre souuent vn grand guerdon.
vraye hóneur ne despéd de ses majeurs,
    ne d'aultruy calamité ne malheurs.
vn beau sy ou vn beau non,
    de benefice a couleur & nom.   (tout,
vn bon pere de famille doibt estre par
    dernier couché & le premier debout.
verité est à Dieu plus acceptable,
    que sacrifice & aggreable.
voix d'vn, voix de n'vn.
vertu abhorre le courage flac & abbatu.
vertu est plus reluisante en hault lieu.
vne petite faulte,
    engendre vne grande aultre.
vn homme comme aussy vne cité,
    garantit l'aultre d'auersité.
La. vie, traueil & anxieté,
    ont ensemble grande affinité.
volupté, est amorce de méchanceté.
vn glaiue comme on dit ou cousteau,
    fait tenir l'autre en son fourcau.

vn corps

V.

Vn corps mal sain peut biē faire belle vri
& beau blé sans goust blāche farine. (ne
Violence pas ne dure,
   qui seuffre il vainc & dure.   (cuide.
Vaisseau vuide le meilleur au son estre
Vin n'est pas bō, qui n'esgaie cōpagnon.
Vin, fille, fanat & poyrier,
   sont difficiles a conseruer.
Vsage fait vn maistre sage.
Vn fol a fait voeu,
   de ne laisser en paix vn feu.
Vne fois on trompe le prudent,
   deux fois le niez & innocent.
Vertu a plus de grace,
   reluisante en belle face.
Vn seul oeil a plus de credit,
   que deux oreilles n'ont d'audiuy.
Vin vsé, pain renouuellé,
   est le meilleur pour la santé.
Vertu ne vient sans la fatigue,
   traueil & peine a qui la brigue.
Vn bon commencemēt aggrée a l'hóme
   mais c'est la fin qui porte la charge &
Vne heure paye tout.   (somme.
Vostre parolle soit, oüy oüy non non.
Vrayes bourdes:
   sont les pires & plus lourdes.
                        vn chien

V.

Vn chien est fier sur son fumier.
Vin, or & amy vieulx,
    sont en pris en tous lieux.
Vn amy pour aultre veille.
Veau, poullets & poissons cruds,
    sont les cemitieres bossus.
Vache ne sçait que vaut sa queüe,
    jusques à ce qu'elle l'ait perdue.
Vn mal & vn cordelier,
    rarement seul par sentier.
villes & maisons sans habitants,
    nids sont aux rats & chahuants.
viure en paix & equité,
    est vraye muraille d'vne cité.
vertu sortant d'vn corps specieux,
    a grand lustre, auctorité & faueur.
viande & boisson, perdition de maison.
vn jour d'allegresse, dix ans de tristesse.
villains comme aussy les noyers,
    par le foüet sont aumoniers.
vieillart de soy ayant cure,
    cent ans vit & plus s'il dure.
vieil qui ne presage ou deuine,
    ne vault pas la queüe d'vne sardine.
vieil en sa terre, jeune en l'estrangere,
    mentent tous deux d'vne maniere.
vice de paresse, à poureté addresse.
                              ventre

V.

ventre comblé & par trop gras,
   ſubtil engin n'engendre pas.
viure moderêment, enrichit mainte gét.
vraye Seigneurie & liberté,
   eſt non ſeruir vice ne peché.
vraye fame ſupere la mort.
viſage d'homme fait vertu.
vertu eccelle force.
ventre jeun, n'oit pas chacun.
vn couſteau aguiſe l'aultre.

     Note l'origine du Vin.

Noë premier planta la vigne,
   arrouſant de ſang la racine,
   d'aignel, porceau, ſinge & lion,
   dont le vin tient complexion.
vin de lion fier veut combatre,
   ſouuent en lieu de ſoy esbattre.
vin d'aignel eſt fort aggreable,
   tenant ſon homme paiſible à table.
vin de porceau fait fort dormir,
   du bien ne ſe peut ſouuenir.
vin de laid ſinge eſt gracieux,
   car i' fait l'homme eſtre joyeux.
vray comme vn chien je ronge vn os,
   & en rongeant je pren repos,
   vn jour viendra qui n'eſt venu,
   que je mordray qui m'a mordu.

                     vertu

V.

vertu en femme a grand fame.
va òu tu peus, meur óu tu doibs. (paix.
vn fol ne laisse jamais, tison ne feu en
vne fois en mauuais renom,
    jamais puis n'est estimé bon.
vin soubs la barre, bonté separe.
vn mal-heur ne vient jamais seul.
vn noble Prince ou Roy,
    n'a jamais pille ne croix.
vne femme veut en toute saison,
    estre Maistresse en sa maison,
    auoir bons & bien beaux enfants,
    aussy des habits triumphants.
vne seule oliue est or,
    la seconde argent, la tierce tue gent.
vin à la saueur, & pain à la couleur.
vn bon vallet dit a son maistre,
    apres seruir conuient repaitre.
vin brusquet & pain brun ou bis,
    substient l'hostel en poids & pris.
vieille geline engraisse la cuisine.
vin delicat, friant & bon,
    n'a mestier lierre ne brandon.
vn le mouton, l'aultre le bouc tond.
vn bon courage, decore visage.
vin, cheuaulx & bleds,
vendés les quand poüez.

V.

vn os entre vn alan ou vn chien,
   chàcun voudroit qu'il fut sien.
verité verde est en verdure,
   non fragile à ce que plus dure.
vin sans amy, vie sans tesmoing.
venin contre venin duit,
   car venin au venin nuit.
verité aime la clarté.
vertu, science & vraye sagesse,
   prouient de la diuine haultesse.
verité est sans varieté.
vertu en aduersité,
   reçoit vigueur & clarté.
vnion est des cités vray bastion.
vn bonnet par an plus ou moins,
   de papier blanc vne ou deux mains,
   font & acquierent des amis maints.
veillez tousiours (dit le Seigneur).
vous ne sçauez le jour ne l'heure.
vise à ton cas sy tu es fin,
   pensant tousiours bien à ta fin.

     O P T I M V M
       R E I
        F I-
       N I S.

www.ingramcontent.com/pod-product-compliance
Lightning Source LLC
Chambersburg PA
CBHW070631170426
43200CB00010B/1978